Für 20.6.97
von [illegible]

»In Pergamon steht ein großer Marmoraltar, 40 Fuß hoch, mit sehr großen Skulpturen; er enthält einen Gigantenkampf« – diese dürren Worte sind die einzig sichere antike Nachricht über ein Monument, das vom größten Relieffries der abendländischen Kunst umzogen wird. Als militärisches Siegesdenkmal von den pergamenischen Königen im 2. Jahrhundert v. Chr. errichtet, wird das Thema dieses Frieses – der mitleidlos geführte Kampf der Götter gegen die Giganten – von seinen Auftraggebern als Synonym für die Überlegenheit und den dauerhaften Bestand ihrer Herrschaft gebraucht.
Nach der Wiederentdeckung des Pergamonaltars 1872 sichert sich das junge Deutsche Reich den Fund als Aushängeschild für Berlin; erneut wird die Kunst in den Dienst der Politik genommen, denn »durch die Einverleibung dieser pergamenischen Schöpfungen ist unser Museum mit einem Schlage in die erste Linie der europäischen Sammlungen getreten«.
Peter Weiss schließlich stellt den Altar in einen Zusammenhang der Selbstbehauptung. Seine Romanfiguren erkennen ihre Verwandtschaft mit den Unterliegenden der Friesszenen; die ursprüngliche Botschaft jedoch wird gewendet: die Aneignung des im Kunstwerk versammelten Potentials an Leid und Erfahrung mündet in die Anweisung, zu handeln, Widerstand zu leisten.

Hans-Joachim Schalles, 1951 geboren, Studium der Archäologie, Alten Geschichte und Pädagogik in Hamburg. 1982 Promotion. 1983 bis 1986 am Rheinischen Landesmuseum Bonn/Regionalmuseum Xanten tätig. Seit 1987 Zweiter Direktor des Archäologischen Parks/Regionalmuseums Xanten. Veröffentlichungen: *Untersuchungen zur Kulturpolitik der pergamenischen Herrscher im 3. Jahrhundert v. Chr.*, 1985; *Die römische Stadt im 2. Jahrhundert n. Chr. Der Funktionswandel des öffenlichen Raumes* (Hg.), 1992. 1979-1994 Mitherausgeber der Zeitschrift *Hephaistos.* Aufsätze zur griechisch-römischen Urbanistik und verschiedenen Themen der Provinzialrömischen Archäologie.

DER PERGAMON ALTAR

ZWISCHEN BEWERTUNG UND VERWERTBARKEIT

VON HANS-JOACHIM SCHALLES

FISCHER TASCHENBUCH VERLAG

kunststück
Begründet von Klaus Herding
Herausgegeben von Michael Diers

10.-11. Tausend: Juni 1995

Umschlag: Die Göttin Athena reißt ihren Gegner Alkyoneus vom Erdboden weg. Pergamonaltar, Ostseite des Gigantomachiefrieses.
Frontispiz: Durch Geländeabtragungen und Aufschüttungen war der Burgberg von Pergamon terrassenförmig gestaltet. Eine dieser Terassen trug den Pergamonaltar. Modell im Pergamonmuseum, Berlin.

Grafische Konzeption: Max Bartholl und Christoph Krämer
Lektorat: Werner Berthel
Bildredaktion: Carmen Durrant
Originalausgabe
Veröffentlicht im Fischer Taschenbuch Verlag GmbH, Frankfurt am Main, August 1986

Satz und Druck: Wagner GmbH, Nördlingen
Bindung: G. Lachenmaier, Reutlingen
Printed in Germany
ISBN 3-596-3935-4

DER MYTHOS: EIN IDEALES FEINDBILD?

> »Da jedoch die Masse immer leichtfertig und voller gesetzwidriger Begierden ist, geneigt zu sinnlosem Zorn, zu Leidenschaften, die sich in Gewalttaten entladen, bleibt nichts übrig, als sie durch dunkle Angstvorstellungen und eine gut erfundene Mythologie im Zaum zu halten. Die Alten scheinen mir daher die Vorstellungen von den Göttern, den Glauben an die Unterwelt nicht unüberlegt, sondern mit kluger Überlegung der Menge eingeflößt zu haben, und es scheint mir im Gegenteil höchst unbedacht und unverständig, wenn man ihr jetzt diesen Glauben austreibt.«
>
> Polybios, griechischer Historiker im 2. Jahrhundert v. Chr., zur Entstehungszeit des Pergamonaltars

In der Spätantike notiert der römische Schriftsteller Lucius Ampelius in seinem Werk *Über die Denkwürdigkeiten* zu den Weltwundern: »In Pergamon befindet sich ein großer Marmoraltar, dessen Höhe vierzig Fuß beträgt, mit sehr großen Skulpturen; er enthält einen Gigantenkampf« (Pergamo area marmorea magna, alta pedes quadraginta, cum maximis sculpturis; continet autem gigantomachiam). Diese knappe Bemerkung ist die einzig sichere Nachricht des Altertums über ein Monument, das von einem der größten Relieffriese der abendländischen Kunst umzogen wird. Sein Thema ist die Gigantomachie – ein Kampf, dem in der Vorstellung der Antike keine Auseinandersetzung an Härte und Bedeutung gleich kam. Sie ist »totales Geschehen« (H. Kähler), dem episodenhafte Züge fremd sind, eine Entscheidungsschlacht, in der es um den Bestand der Weltordnung, um alles oder nichts geht.

Die Giganten, Abkömmlinge der Erdmutter Ge, hatten einen Aufstand gegen die Herrschaft der Götter angezettelt. Sie schleuderten Feuerbrände und Felsbrocken, ja türmten ganze Berge auf, um den Olymp, den Wohnsitz der Unsterblichen, zu stürmen. Die Götter waren in Not, bis ihnen Herakles zu Hilfe kam, der Sohn des Zeus und der

Alkmene: ein Orakel hatte prophezeit, der Sieg sei nur mit Hilfe eines löwenhäutigen Sterblichen zu erringen. Die Unterstützung der Götter durch Herakles führte schließlich zur endgültigen Vernichtung der Giganten.

Die Gegner, die sich in diesem Kampf gegenüberstanden, weisen über ihre individuellen Züge hinaus auf sittliche, wenn man will ideologische Prinzipien. Die Partei der Götter galt den Griechen als Verkörperung der gesetzten Ordnung, der Vernunft, des gezügelten Geistes, die Giganten als Inbild des Ungeordnet-Chaotischen, des roh Naturhaften, des frevlerisch Übermütigen. Als die Auftraggeber des Pergamonaltars ihr Selbstverständnis in einer Gigantomachie verbildlichten, standen ihnen diese Prinzipien vor Augen – keine Frage, auf welcher Seite sie sich sahen. Eine solche Zuspitzung auf bedingungslose Gegnerschaft führt zur Frage nach der Gültigkeit des Feindbildes und der Parteilichkeit des Betrachters: wie sah er das Denkmal, wie sollte er es sehen – in der Antike und in späterer Zeit?

ZUM WOHLE DES KAISERREICHS: ENTDECKER UND NUTZNIESSER

»›Im Namen des Protektors der königlichen Museen, des glücklichsten allgeliebten Menschen, des nie besiegten Kriegers, des Erben des schönsten Thrones der Welt, Im Namen unseres Kronprinzen möge dies Werk zu Glück und Segen gedeihen.‹
Wenn meine Arbeiter geglaubt haben, ich murmele eine Zauberformel, so kann ich ihnen nur Recht geben.«
Carl Humann über seine beim Grabungsbeginn am 9.9.1878 gehaltene Ansprache

Im Januar 1872 erhält der Althistoriker Ernst Curtius, gleichzeitig Direktor der Antikensammlung an den Königlichen Museen zu Berlin, einen Brief aus Bergama (Pergamon) in der Türkei. Es heißt dort:

1 *Gegner des Triton aus dem Gigantomachiefries des Pergamonaltars (vgl. Abb. 41). Kopie einer Zeichnung Humanns von M. Lübke (1895) Die Platte markiert den Beginn der Funde Humanns vom Gigantomachiefries. Der obere Plattenteil wurde erst 1874 entdeckt*

»Sie erinnern sich der hohen, dicken Mauer oben, in der ich Ihnen unten heraussstehend zwei Skulpturen zeigte. Die habe ich jetzt heraus und am Hause auf preußischem Boden. Confer Zeichnung beiliegend (Abb. 1).

Ad 1: Dies ist der Stein, der links lag; die Brust war sichtbar. Als ich die Mauer soweit herunter gesprengt hatte, daß wir in der Nähe waren, hob ich vorsichtig Stein um Stein ab und fand Hals und Kinn, dann die linke Wange und das Auge. Sowie ich das Auge sah, rief ich aus: Das ist ein todter Mann! Denn dasselbe, obgleich weit und schön offen, zeigte deutlich das eingefallene und starre des Todes. Ich führe Ihnen diesen Umstand deßhalb an, da auf meine künstlerische Kritik doch nichts zu geben ist. Endlich war der Stein ganz heraus und zeigte einen wunderschönen Jüngling mit lockigem Haar, die Brust hoch wie eine Trommel (25 Centimeter), den rechten Arm, leider zerbrochen, nach oben, den linken nach unten, den Kopf leicht zur Seite liegend, den Mund halb offen, jedoch nicht schmerzverzogen, sondern eher müde, wie schlafend; nur die weit geöffneten, zurückgefallenen Augen zeigen an, daß wir es mit einem Gefallenen zu thun haben. Kraft und Schönheit finden sich hier in der herrlichsten Harmonie. Zur Linken ist noch ein Bein, einem Andern gehörend, bemerkbar.«

Der Verfasser dieser Zeilen ist der deutsche Ingenieur Carl Humann, seit den sechziger Jahren mit Straßenbauprojekten und anderen technischen Aufgaben an der kleinasiatischen Küste betraut. Humann hat Interesse an den antiken Überresten der Gegend; er bewahrt manches Marmorbildwerk vor dem Weg in die Kalköfen und besitzt eine kleine Antikensammlung. Bei einer Orientfahrt wurde Curtius auf ihn aufmerksam; das Zusammentreffen beider Männer führt dazu, daß Humann für die Berliner Museen Ausstellungsstücke beschafft, teils durch kleinere Grabungen, teils durch Kauf.

Die gesamte Tragweite des Fundes, von dem dieser

Brief berichtet, wird jedoch erst 1878 deutlich, als dieses und weitere Stücke mit der Notiz des Ampelius verbunden werden und damit die Identifizierung der Reliefs gelingt. Noch während mit der Hohen Pforte – der Regierung des Osmanischen Reiches – Verhandlungen über den notwendigen Ferman* laufen, beginnen auf Privaterlaubnis des Pascha hin die Grabungen, diesmal im offiziellen Auftrag der Kaiserlich Deutschen Museen.

Die Entdeckungs- und Ausgrabungsgeschichte des Pergamonaltars stellt von Anbeginn ein Politikum dar, bestimmt vom Geist der Gründerjahre und vom Hurra-Patriotismus des wilhelminischen Zeitalters: Betrachtet man den Vorgang in seinen Verästelungen, so erweist sich die Aneignung des Altars geradezu als Musterbeispiel für die Verflechtung von Wissenschaft und deren Institutionen mit ihrem historischen Umfeld.

Das Bild, das wir uns von Humann aus seinen Briefen machen können, läßt den Prototyp des Mitteleuropäers erkennen, wie er am Vorabend von Imperialismus, Flotten- und Kolonialpolitik in der Levante zu finden ist: »wie ein Pascha gebietend« (Curtius), ein ausgezeichneter Kenner des Landes und seiner Sitten, der mehrere Sprachen beherrscht und sein technisches Können sowie sein Organisationstalent in den zerbröckelnden Feudalstrukturen des Osmanischen Reiches zu entfalten weiß *(Abb. 2)*. 1871 hat er die erste Reliefplatte des Pergamonaltars aus einer Befestigungsmauer herausgebrochen, in die sie in byzantinischer Zeit auf dem Burgberg von Pergamon verbaut worden war; mit dem Eintreffen der letzten Platten und Fragmente in Berlin im Jahr 1886 ist die z. T. unter großen technischen Schwierigkeiten ablaufende Unternehmung weitgehend abgeschlossen. Wilhelm I. ist König von Preußen und Deutscher Kaiser; noch steht nicht fest, daß sein Enkel Wilhelm II. schon zwei Jahre später den Thron besteigen wird. Das junge Deutsche Reich bedarf der kulturpolitischen Legitimation; archäologische Forschung und Mu-

*Mit * versehene Fachausdrücke werden im Anhang erläutert.*

2 *Ingenieur und Ausgräber: Carl Humann*

seen werden in den Dienst dieses Ziels genommen: drei Jahre nach der Reichsgründung erhält das Deutsche Archäologische Institut den Status einer ›Reichsanstalt‹, im gleichen Jahr erfolgt die Gründung der Abteilung Athen. 1875 beginnen die Grabungen in Olympia; das Reich sichert sich damit einen prominenten Grabungsplatz, der sich im internationalen Vergleich – im Hinblick auf Frankreich und England – sehen lassen kann. Die Reichshauptstadt schmückt sich mit heroischen, imperialen Monumenten wie der Siegessäule und tritt damit demonstrativ neben europäische Hauptstädte wie Paris und London. Der Denkmälerbestand der Berliner Museen indessen kann mit dem des Louvre oder des Britischen Museums nicht konkurrieren. Dieses Problems ist man sich bewußt: so verfügt

3 Vaterländische Archäologie: der preußische Adler, mit Tropenhelm und Grabungswerkzeug ausgestattet, als Schmuck des Grabungshauses in Pergamon. Zeichnung von Kips und Koch (1885)

Bismarck die zeitweilige Sperre der Grabungsgelder für Olympia, weil der Fundteilungsmodus für das Deutsche Reich ungünstig ist. Folglich wird die »Gewinnung des Pergamonaltars für Preußen« mit Genugtuung zur Kenntnis genommen *(Abb. 3)*. Dr. v. Sybel, Mitglied des Preußischen Abgeordnetenhauses, konstatiert vor der Kammer: »Meine Herren, der plastische Theil unserer Museen, die Skulpturensammlungen, hatten bisher eine durchaus sekundäre Bedeutung ... Durch die Einverleibung dieser pergamenischen Schöpfungen ist unser Museum mit einem Schlage in die erste Linie der europäischen Sammlungen getreten.« Ein solcher Konkurrent wird in einem Schreiben des preußischen Kultusministers Falk an den König benannt: »Von besonderer Bedeutung ist es, daß die Sammlung der Museen, welche bisher sehr arm an griechischen Originalwerken waren ..., nunmehr in den Besitz eines Werkes griechischer Kunst von einer Ausdehnung gelangen, welcher etwa nur die großen Reiche der attischen und der kleinasiatischen Skulpturen des britischen Museums gleich oder nahe kommen.«

Vor diesem Hintergrund nimmt es nicht wunder, daß in die Verhandlungen über den Verbleib der zu erwartenden Funde sogar Bismarck persönlich eingreift. Das Osmanische Reich, das »aus Reverenz für Deutschland« zunächst zwei Drittel der Funde an Berlin abtritt, verzichtet im Oktober 1878 schließlich auch auf das restliche Drittel unter der Voraussetzung, den türkischen Flüchtlingen in Kleinasien werde eine finanzielle Hilfe seitens der Reichsregierung gewährt. Welche Ereignisse stehen hinter dieser Entscheidung?

Zwei Jahre zuvor hatte ein Aufstand gegen die Türkenherrschaft Bulgarien, Serbien und Montenegro erschüttert, 1877 der russisch-türkische Krieg stattgefunden, in dessen Verlauf die Soldaten des Zaren zeitweise vor Konstantinopel standen. Ein Vierteljahr vor der endgültigen Abtretung aller Funde vermittelt Bismarck auf dem Berliner Kongreß zwischen den feindlichen Mächten; die politische Lösung begünstigt eher das Osmanenreich und verstimmt St. Petersburg. Man geht sicher zu weit, den Verzicht der Hohen Pforte ursächlich mit diesen Vorgängen zu verknüpfen, ein atmosphärischer Zusammenhang läßt sich jedoch kaum leugnen. Die Summe für die Flüchtlingshilfe wird auf ca. 20 000 Reichsmark beziffert, die Grabungsgelder für die erste Kampagne betragen zum Vergleich 120 000 Reichsmark.

In dem zitierten Schreiben des Kultusministers schwingt ein leises Bedauern darüber mit, daß der Altar *(Abb. 4)* »nicht der höchsten Blütezeit der alten Kunst« zuzurechnen sei: Im 2. Jahrhundert v. Chr., dem Zeitalter des Hellenismus, entstanden, fehlt ihm die Kühle vergleichbarer Reliefdarstellungen der Klassik, etwa der Metopen* vom Parthenon in Athen *(Abb. 5)*, an die Falk hier vielleicht gedacht haben mag. Seine Einschätzung scheint noch geprägt vom Antikenbild des Klassizismus und der Romantik, das den Höhepunkt der politischen und künstlerischen Entwicklung der griechischen Antike in den Stadtstaaten des 5. Jahrhunderts sah und Alexander den Großen als Totengräber dieser idealen Epoche betrachtete. Die Aufnahme, die die pergamenischen Skulpturen beim breiten Publikum finden *(Abb. 6)*, und die Aufmerksamkeit von seiten

4 Pergamonaltar, Gigantomachiefries. Ausschnitt der Ostseite. Die Jagdgöttin Artemis im Kampf mit einem Giganten. Ihr Hund hat sich im Genick eines weiteren Giganten verbissen, der ihm ein Auge auszudrücken versucht

5 Klassisches Beutestück: Südmetope 31 vom Parthenon in Athen. Ein junger Mann kämpft gegen einen Kentauren. Wie diese Reliefplatte gelangte der größte Teil der Südmetopen ins Britische Museum nach London. Zwischen 447 und 442 v. Chr.

der Gelehrtenwelt bestätigen indessen, daß eine solche Bewertung hinter der Lebenswirklichkeit jener Jahre zurückbleibt; sie entspricht nicht mehr den Erfahrungen der Zeitgenossen[1]. Die militärische Lösung der deutschen Frage durch die Kriege von 1866 und 1870/71, das Bewußtsein, in einem geeinten Reich zu leben, an dessen Spitze ein Monarch steht, hat Rückwirkungen auch auf die Beurteilung der hellenistischen Monarchien durch die Altertumsforschung. Das Ende der Kleinstaaterei öffnet jetzt gewissermaßen die Augen für die Territorialherrschaften, für die großen Reiche der griechisch-hellenistischen Welt: Die zweibändige *Geschichte des Hellenismus*, mit der Johann Gustav Droysen diesen Epochenbegriff einführte, fand bei ihrem ersten Erscheinen 1836 und 1843 kaum Beachtung; sein Versuch, den eigenständigen Beitrag des Hellenismus zur griechischen Geschichte zu würdigen, war seiner Zeit voraus und wurde durchweg zurückgewiesen. Obwohl ein Torso geblieben, wird Droysens Werk 1877 ein zweites Mal verlegt – ein Zeichen dafür, wie sich die Einstellung zur Vergangenheit unter dem Eindruck der eigenen Gegenwart gewandelt hat.

So schwimmt der Pergamonaltar mühelos im Strom des Zeitgeistes nach Berlin *(Abb. 7)*. Den endgültigen Nachweis, in welch hohem Maß er für die

6 *Friesplatten des Pergamonaltars werden im Alten Museum der Öffentlichkeit zugänglich gemacht. Kolorierte Federzeichnung von Max Lücke, um 1886*

imperiale Selbstdarstellung des wilhelminischen Zeitalters verwertbar ist und in einen »vaterländischen« Rezeptionszusammenhang gestellt werden kann, bringt die Jubiläumsausstellung der königlichen Akademie der Künste im Jahr 1886. In erster Linie als Leistungsschau »des modernen Kunstschaffens im Vaterlande« und Retrospektive der deutschen Kunst der letzten hundert Jahre gedacht, finden auf dem Ausstellungsgelände weitere Schaustellungen statt, von denen zwei besonders aufschlußreich sind. In einem als ägyptischer Tempel gestalteten Pavillon werden Dioramen* gezeigt, die Afrika-Expeditionen und Episoden der deutschen Kolonialgeschichte veranschaulichen. Als Pendant zu diesem Bau ist der »Tempel von Pergamon« anzusehen, dessen architektonische Formgebung nur aus einem im wahrsten Sinne des Wortes zusammengezimmerten Antikenbild zum Lobe des Reiches begründbar ist: Der hellenistische Pergamonaltar – in Originalgröße nachgebaut – wird als Unterbau, als Podest verwendet, das eine Kopie des frühklassischen Zeustempels von Olympia trägt – die Leistungsfähigkeit der deutschen Archäologie und ihrer Ausgräber ist damit in ein neues, aus Versatzstücken montiertes Denkmal gegossen *(Abb. 8)*.

Die Tagespresse, aber auch Zeitschriften wie *Die*

7 Zeitungsannonce vom November 1886: der Gigantomachiefries als Zimmerschmuck des Bildungsbürgertums. Das Pathos seiner Darstellung erlaubte einen Brückenschlag zur Kunst jener Jahrzehnte, die von neubarocken Tendenzen geprägt war

8 *Ein wilhelminisches Denkmal: anläßlich der Ausstellung der Akademie der Künste in Berlin 1886 werden die Ostfassade des Zeustempels von Olympia (um 460 v. Chr.) und der Pergamonaltar (2. Jahrhundert v. Chr.) in Originalgröße nachgebaut und zu einem neuen Monument vereint. Der Obelisk im Vordergrund verherrlicht den deutschen Kaiser Wilhelm I. Zeichnung von G. Theuerkauf für die Zeitschrift* Die Gartenlaube *(1886)*

9 *Ben Hur zur Gründerzeit: Freigabe von Gefangenen durch ›König Attalos‹ vor den historischen Kulissen. Zeichnung von A. v. Roeßler für die Zeitschrift* Die Gartenlaube *(1886)*

Gartenlaube widmen der Ausstellung breiten Raum. Ihr unstrittiger Höhepunkt ist das Künstlerfest im Juni, das in einem sog. Triumphzug des pergamenischen Königs Attalos gipfelt *(Abb. 9)*. Rund 1500 als Pergamener und Gefangene ausstaffierte Musensöhne und -töchter nehmen an diesem Zug teil, »Parther, Indier, Syrier sowie auch das nubische Kriegsvolk in einem wunderbar wirkenden Farbengemisch der Kostüme«. In Anwesenheit des Kronprinzen ruft der Herold aus: »Barbaren bedrohten Reich und Land / Der König schlug sie mit starker Hand / Nun kehrt er heim, mit dem Siege geschmückt / Die Seinen umjauchzen ihn hochentzückt.«

Vermischen sich hier jüngste und ältere Vergangenheit? Französische Künstler hatten es abgelehnt, sich als Gäste an der Ausstellung zu beteiligen.

Das erste Kapitel der Rezeptionsgeschichte des Pergamonaltars ist ein monarchisches[2]. Auch die griechischen Auftraggeber selbst waren Monarchen. Wer waren diese Könige von Pergamon und welche Absichten verbanden sie mit dem Denkmal?

DIE AUFTRAGGEBER: KÖNIGE MIT TRADITIONSANSPRUCH

»Schließlich bin ich nicht müde geworden, euch an Eumenes und Attalos zu erinnern und sie euch als ein leuchtendes Beispiel vor Augen zu stellen: Sie haben nur ein kleines, unbedeutendes Fürstentum geerbt und haben es so groß gemacht, daß es hinter keinem Königreich zurücksteht, durch nichts anderes als dadurch, daß sie einträchtig waren, sich verstanden und nicht aufhörten, einander die schuldige Achtung zu erweisen.«
Aus einer bei Polybios überlieferten Rede des Makedonenkönigs Philipp V. an seine Söhne

Wer heute die Ausgrabungen auf der Agora, dem antiken Staatsmarkt Athens, besucht, dem wird das langgestreckte Gebäude auffallen, das das Agora-Museum beherbergt *(Abb. 10)*: von den Amerikanern ausgegraben und 1953–56 rekonstruiert, war diese Stoa (Säulenhalle) um die Mitte des 2. Jahrhunderts v. Chr. von Attalos II., dem damaligen König von Pergamon, gestiftet worden. Die Attaliden, wie die Dynastie der pergamenischen Herrscher genannt wird, waren freigiebig; wie kaum ein zweites Herrscherhaus des Hellenismus verstanden

10 *Rekonstruktion der Säulenhalle Attalos' II. auf der Agora von Athen (160/50 v. Chr.), heute Agoramuseum. Die Attaliden stifteten viele Bauten in auswärtigen Städten*

11 *Der Feind wird zur Selbstvernichtung getrieben: ein Gallier tötet seine Frau und sich. Römische Marmorkopie eines Bronzeoriginals, das zu einem großen Siegesdenkmal der Attaliden gehörte. Kurz nach 223 v. Chr.; Rom, Nationalmuseum*

sie es, sich durch Schenkungen und Stiftungen Anerkennung in der griechischen Welt zu sichern.

In den Diadochenkämpfen* entstanden, die noch zu Beginn des 3. Jahrhunderts um das Erbe Alexanders des Großen tobten, hatte sich das pergamenische Reich in einem fast fünfzigjährigen Prozeß aus bescheidenen Anfängen zur Selbständigkeit entwikkeln können; dieser Prozeß fand in der Annahme des Königstitels durch Attalos I. seinen Abschluß. Vorausgegangen waren schwere Kämpfe mit dem mächtigen Nachbarreich der griechischen Seleukiden, insbesondere aber mit nichtgriechischen Stämmen, die in Griechenland und Kleinasien eingefallen waren: den Galliern oder Kelten, wie die Griechen sie nannten. Hochgewachsen und furchterregend frisiert – sie pflegten ihren Haaren mit Kalkwasser eine borstige Festigkeit zu verleihen –, fanatische Krieger, die den Tod auf dem Schlachtfeld der Niederlage oder Gefangennahme vorzogen *(Abb. 11)*, entsprachen sie in keiner Weise dem System von Verhaltensnormen, das sich Jahrhunderte zuvor in den griechischen Stadtstaaten herausgebildet hatte und auch im hellenistischen Zeitalter noch Gültigkeit besaß. Aus griechischer Sicht waren sie ›Barbaren‹, maßlos in allen Dingen, und wer Barbaren bezwang, war des Beifalls der griechischen Welt gewiß. Jeder Grieche dachte in diesem Zusammenhang an die Perserkriege des frühen 5. Jahrhunderts, in denen eine Handvoll Griechen zahlenmäßig weit überlegene Barbarenheere geschlagen hatte. Diese Vorstellung hatte nichts von ihrer Wirksamkeit eingebüßt, und die Attaliden machten sich dies zunutze. Sie stellten ihre Galliersiege in die Tradition der Perserkämpfe und ließen sich als Verteidiger der Freiheit feiern; Pergamon sollte ein zweites Athen sein[3]. Sinnfälligster Ausdruck dieses Anspruchs war die Nachbildung der berühmten Goldelfenbeinstatue, der Athena Parthenos von der Athener Akropolis, mit der die Attaliden ihren Herrschersitz schmückten *(Abb. 12)*. Als kurz vor der Wende vom 3. zum 2. Jahrhundert Rom als neuer Machtfaktor die politische Bühne des östlichen Mittelmeerraums betrat, fand es im pergamenischen Herrscherhaus alsbald einen treuen Verbündeten; für das Reich begann eine glanzvolle Zeit. Zwar waren die Jahre um 180 v. Chr. von militärischen Konflikten mit Nachbarmächten – auch den Galliern – überschattet, doch konnte die pergamenische Herrschaft über weite Teile Kleinasiens bis zum Taurusgebirge im Osten gesichert werden. 168 v. Chr. erhoben sich die Gallier ein letztes Mal gegen Pergamon; auch dieser Versuch wurde von den Attaliden niedergekämpft.

12 *Pergamon als Nachfolger Athens: die Statue der Athena Parthenos, die in der Bibliothek der Attaliden stand, ist eine freie Nachbildung des berühmten Standbildes, das Phidias für den Parthenon zwischen 447/46 und 439/38 v. Chr. geschaffen hatte. Um 160/50 v. Chr.; Pergamon-Museum, Berlin*

Antike Historiker hoben immer wieder die Harmonie innerhalb des Herrscherhauses hervor. Im Unterschied zu anderen Dynastien pflegte es ein beinahe bürgerlich zu nennendes Familienbild, in dem für Intrigen und Palastrevolten kein Platz war. Die Beinamen Philadelphos (der Bruderliebende) und Philometor (der Mutterliebende), die von pergamenischen Königen geführt wurden, waren Programm. Die Königin spielte die Rolle der Frau und Mutter, nicht die der Politikerin.
Insbesondere während der Regierungszeit des Herrschers Eumenes II. (197–159) wurden in Pergamon umfangreiche Bauarbeiten durchgeführt. Das abschüssige Gelände des Berges, auf dem die Hauptstadt liegt, mußte zu diesem Zweck erst durch Geländeabtragungen und Anschüttungen hergerichtet werden. Die Architekten und Ingenieure der Attaliden schufen für die Palastanlagen, Tempel und Heiligtümer, Säulenhallen und Gymnasien eine Reihe von Terrassen, die auf verschiedenen Ebenen an den Flanken des Berges lagen. Eine dieser Terrassen trug den Pergamonaltar *(Frontispiz, Umschlag Rückseite)*. Die geringen Reste der Weihinschrift, die am Bau angebracht war, geben keine eindeutige Auskunft darüber, aus welchem Anlaß der Altar errichtet wurde – »für die erwiesenen Wohltaten« sind die einzigen Worte, die sich sicher lesen lassen. Allgemein wird angenommen, daß damit die Siege über die Gallier und das benachbarte Königreich von Bithynien 183 v. Chr. gemeint sind und der Baubeginn noch in die achtziger Jahre fiel. Möglicherweise entstand der Altar aber auch aus Anlaß des letzten siegreich bestandenen Gallierkrieges (168–165), der die Existenz des pergamenischen Reiches nochmals ernsthaft bedroht hatte[4]. Ebenso ungewiß ist, ob der Bau dem Zeus allein, Zeus und Athena oder gar der Gesamtheit der Götter geweiht war, wie manche Forscher meinen.
Bei aller Unsicherheit in diesen Punkten steht außer Frage, daß es ein Sieg über die fremdstämmigen, barbarischen Gallier war, dem der Pergamonaltar

seine Errichtung verdankt; dieser Sieg steht als gedanklicher Bezugspunkt hinter dem Bau und der Botschaft seiner Reliefdarstellungen. Die Dynastie verwertete ein altes Vorurteil gegen das Fremde, indem sie die Gallier in Gigantengestalt auftreten und einer übernatürlichen Ordnung gemäß von den Göttern niederkämpfen ließ; der nüchternen, sozusagen tagespolitischen Bewertung dieser Auseinandersetzung wurde damit ein Riegel vorgeschoben, »das schnell Vergehende ... auf eine Ebene des zeitlos Bestehenden übertragen« (Peter Weiss).

DER BAU: VOM GESCHLOSSENEN BLOCK ZUR BEGEHBAREN PLATTFORM

Das Verhältnis des Altarbaus zu seiner Umgebung unterscheidet sich von der Situation der anderen Terrassen in Pergamon. Während diese zumindest auf drei Seiten von Säulenhallen umgeben sind und damit eine räumlich erfahrbare Begrenzung besitzen, fehlt eine solche architektonische Begrenzung auf der Altarterrasse. Der Besucher, der sich vom Burgweg im Osten kommend dem Altar näherte, sah sich einem frei stehenden Baukörper gegenüber, der als beherrschendes architektonisches Moment der Platzanlage Denkmalcharakter beansprucht *(Abb. 13)*. Fünf Stufen heben den 36,44 Meter breiten, 34,20 Meter tiefen Bau über das Niveau des Platzes hinaus. Seine Außenwirkung wird von dem 2,30 Meter hohen Figurenfries bestimmt, der als plastisches Band die schmucklose Sockelzone mit dem hallenartig gebildeten Oberbau verklammert. Dieser Fries am Unterbau des Pergamonaltars ist ungewöhnlich. Zwar gibt es in der griechischen Architektur Kleinasiens Vorbilder dafür, wie etwa das Maussolleion von Halikarnass *(Abb. 14)*; jedoch war Skulpturenschmuck niemals vorher solch beherrschender Raum an einem Bau zugewiesen worden.

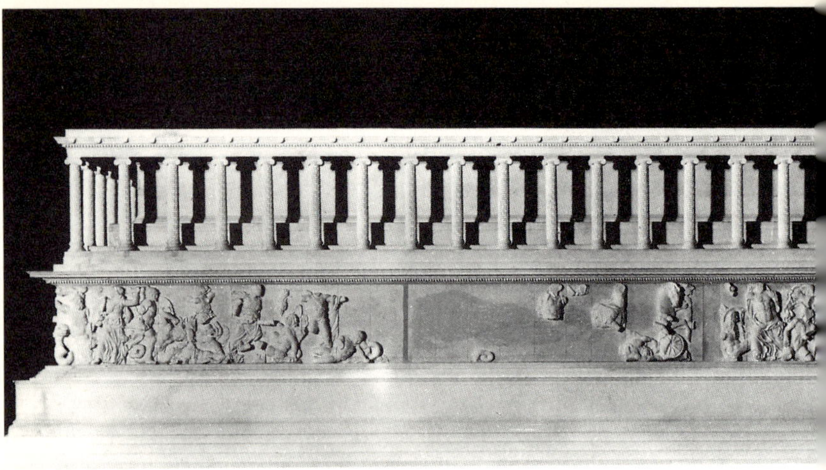

13 *Pergamonaltar, Ansicht vom Eingang der Terrasse. Der Bau gibt keine Auskunft über seine Funktion. Modell im Pergamonmuseum, Berlin*

Es fällt auf, daß die vom Eingang aus zuerst sichtbare Ostfront des Pergamonaltars keinerlei Aufschluß über dessen Funktion gibt *(Abb. 13)*: die Planer des Denkmals nötigten den Betrachter somit zum Umschreiten der Anlage. Mit anderen Worten: Diese Konzeption rechnet nicht nur damit, daß sich der Besucher die Architektur in einem allmählichen Prozeß erschließt, sondern sie *fordert* diesen Betrachtungs- und Aneignungsprozeß geradezu durch die Disposition von Eingang und Bau. Die Orientierung des Eingangs zum Baukörper, die dessen Funktion zunächst mehr verschleiert als klärt, war kein Selbstzweck; sie war offenkundig von der Absicht bestimmt, große Teile des nahezu einhundertzwanzig Meter langen Frieses vom Besucher abschreiten zu lassen, bevor die Frage nach dem Sinn dieser Architektur beantwortet wurde.

Wie durchdacht Bauwerk und Fries zu diesem Zweck korrespondieren, wird daran deutlich, daß der Fries selbst formale und inhaltliche Mittel bereitstellt, dieses ›abschreitende Betrachten‹ in Gang zu halten *(Abb. 15)*. Das Ordnungsprinzip des Frieses, von dem noch die Rede sein wird, ist ein genealogisches – eng miteinander verwandte Götter kämpfen gemeinsam nebeneinander gegen ihre

Gegner. Dieses Prinzip wird dazu genutzt, den Betrachter um die Ecken des Bauwerks herumzuführen: Zueinander gehörende Göttergestalten sind auf die beiden Enden der jeweils aneinanderstoßenden Friesseiten verteilt; die Handlung greift also um die Ecke auf den folgenden Abschnitt des Frieses über[5].

Im Westen – auf der sich zur Ebene öffnenden Seite des Platzes – ist das durchlaufende Friesband unterbrochen: Eine monumentale, rund zwanzig Meter breite Freitreppe schneidet in den Baukörper ein *(Abb. 16, 17)*. Erst sie weckt im Besucher das Verständnis dafür, daß Sockelzone, Fries und darüber befindlicher Säulenkranz mehr sind als nur gliedernde Elemente einer fassadenhaft angelegten Architektur: Der säulenumsäumte Oberbau erweist sich als Bestandteil einer betretbaren, von Sockel und Fries unterfangenen Plattform.

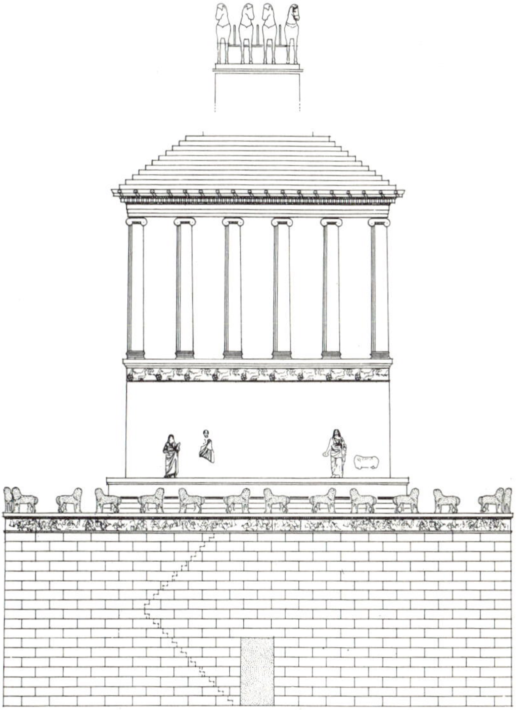

14 *Maussoleion von Halikarnass, Rekonstruktionsversuch der Fassade. (nach K. Jeppesen) Ähnlich wie der Pergamonaltar war das Maussoleion mit einem umlaufenden Fries geschmückt, der am oberen Rand des Unterbaus saß. 350/40 v. Chr.*

15 *Übergreifende Ecklösung: An der Südostecke des Gigantomachiefrieses werden zwei schlangenbeinige Giganten, die jeweils das äußere Ende des Frieses einnehmen, von zwei Göttinnen angegriffen. Im Ostfries ist es Hekate, als Göttin der Dreiwege vom Bildhauer mit drei Leibern charakterisiert, in den Händen Schwert, Lanze und Fakkel als Angriffswaffen. Ihre Mutter Asterie ersticht den Gegner in der Eckszene. Die Einheit dieser Szene wird durch die beiden Hunde unterstrichen, die die Göttinnen begleiten und sich in deren Gegner verbissen haben: sie sind antithetisch auf die Friesecken hin orientiert. Die anschließenden Göttergestalten unterstützen die genealogische Verknüpfung der Eckszenen. Neben Hekate kämpft die Jagdgöttin Artemis, die Tochter von Hekates Schwester Leto, die selbst nicht weit entfernt dargestellt ist; Asterie auf der anderen Friesseite wird von ihrer Mutter Phoibe begleitet*

Hatte der Besucher die achtundzwanzig Stufen der Freitreppe erstiegen und die über dieser Treppe befindliche Säulenstellung passiert, so befand er sich in einem Innenhof, der auf drei Seiten von Wänden begrenzt war und in dessen Mitte der eigentliche Opferaltar stand. Im ursprünglichen Bauentwurf waren umlaufende Säulenstellungen auch für diesen Innenhof vorgesehen, die nicht zur Ausführung gelangten. Somit ergibt sich eine geplante Raumsituation, die das Motiv des von Säulenhallen umstandenen Platzes im kleinen wiederaufnimmt. Die Wände dieses Hofes waren mit einem weiteren Fries geschmückt.
Unsere Bezeichnung Pergamonaltar ist also im Grunde eine unzureichende sprachliche Vereinfachung für dieses Bauwerk: Wir haben einen von Hallen eingefaßten, auf einer erhöhten Terrasse liegenden Altarhof vor uns. Dieses komplexe architektonische Gefüge entzieht sich einer einfachen Ableitung aus direkten Vorläufern der griechischen Architektur[6]. Die erhöht gelegene Altarplattform, die über eine Treppe zugänglich ist, verbindet den Pergamonaltar mit monumentalen Altären, die um die Mitte des 6. Jahrhunderts v. Chr. in Ionien*

16 *Pergamonaltar, Grundriß. Der eigentliche Opferaltar befand sich in der Mitte des Innenhofs. Innen umlaufende Säulen waren geplant, wurden aber nicht ausgeführt*

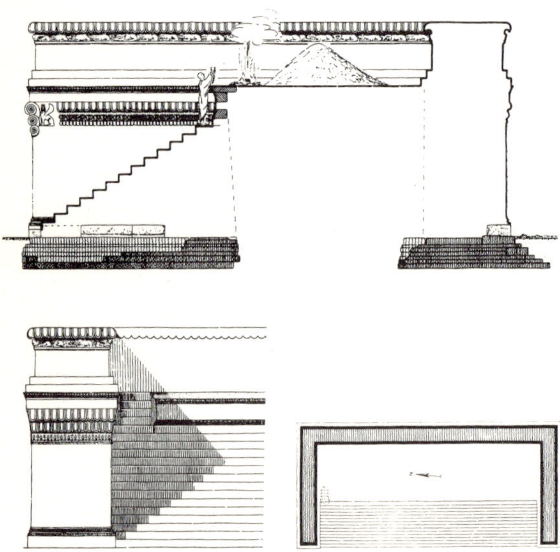

18 *Ein architektonischer Vorläufer: Rhoikosaltar im Heraion von Samos, rekonstruierter Grundriß und Querschnitt. Wie der Pergamonaltar besitzt dieser Bau eine höher gelegene Plattform, die über eine Treppe zugänglich ist. Um 550 v. Chr.*

17 *Pergamonaltar, monumentaler Treppenaufgang im Westen*

errichtet worden waren; neben dem Altar vom Kap Monodendri bei Milet ist es insbesondere der Rhoikosaltar des Heraheiligtums auf der Insel Samos *(Abb. 18)*, mit dem der Pergamonaltar auch in der Breitenerstreckung annähernd übereinstimmt[7]. Andererseits ähnelt die architektonische Gestaltung der Treppenfront baulichen Ensembles, die in zeitgenössischen hellenistischen Heiligtümern vorhanden waren. Im Athenaheiligtum von Lindos auf Rhodos etwa finden wir wie in Pergamon die Treppenanlage, die durch die sie einfassenden, risalitartig* vorspringenden Hallen den Charakter eines Propylons erhält, eines monumental gestalteten Eingangs; hier wie dort erschließt dieser Eingang einen höher gelegenen, von Hallen gerahmten Altarhof[8] *(Abb. 19)*.

Die bauliche Gestalt des Pergamonaltars steht also in einem Spannungsverhältnis von Innovation und Tradition. Neue Wege wurden beschritten, gleichzeitig erfolgten aber auch Rückgriffe auf architektonische Vorbilder vergangener Epochen. Diese Rückgriffe sind nicht als Architekturzitate im engeren Sinne zu sehen, sondern als die Aneignung von Traditionsfeldern, mit deren Hilfe das Anspruchsniveau der eigenen baulichen Leistung untermauert werden sollte. Am Gigantomachiefries setzt sich dieses Spannungsverhältnis fort.

19 *Lindos, Athenaheiligtum. Der oben liegende Altarhof, zu dem eine Treppe hinaufführte, war von risalitartig vorspringenden Hallen eingefaßt. 3. Jahrhundert v. Chr.; Modell in der Ny Carlsberg Glyptotek, Kopenhagen*

THEMA UND FORM: TRADITION UND INNOVATION AM GIGANTOMACHIEFRIES

Der antike Betrachter, der auf die Ostseite des Gigantomachiefrieses zuschritt *(Abb. 13)*, dürfte keine Mühe gehabt haben, das dargestellte Sujet bereits aus einiger Entfernung zu erkennen, zumal die Plastizität des Vorgangs durch die ursprünglich bunte Bemalung und den verloren gegangenen Metallzierat deutlicher hervortrat als heute. Menschliche und halbmenschliche Gestalten sind in ein heftiges Kampfgeschehen verwickelt; Gefallene liegen zu ihren Füßen oder werden von Gespannen zermalmt. Tiere greifen in den Kampf ein, sie verbeißen sich in ihre Gegner. Die Beteiligung nichtmenschlicher Wesen verweist das Geschehen in den Bereich des Mythos. Außer Schwertern, Lanzen, Pfeilen und Felsbrocken werden Fackeln und Blitze als Waffen benutzt – dies kommt Sterblichen nicht zu, nur den Göttern. Damit ist der inhaltliche Ort des Reliefrieses innerhalb der mythologischen Schlachtdarstellungen der griechischen Kunst bestimmt: Es ist der Kampf der Götter gegen die Giganten, der hier gezeigt wird. War der Besucher näher herangetreten, boten die am Fries angebrachten Namen eine zusätzliche Hilfe, einzelne Gestalten zu identifizieren.

Das Thema der Gigantomachie erfreute sich seit langer Zeit großer Beliebtheit. Gigantomachiedar-

20 *Seit alters her war der Gigantenkampf ein beliebtes Thema der griechischen Kunst: Delphi, Gigantomachiefries an der Nordseite des Siphnierschatzhauses. In der Mitte sind Dionysos – mit einem Löwenfell um die Schultern – und Kybele auf einem Löwengespann dargestellt. Vor den Löwen bekämpfen Apollon und Artemis ihre Gegner. Um 525 v. Chr.; Delphi, Museum*
Zum Motiv des beißenden Löwen vgl. Abb. 46

stellungen sind auf archaischen Vasenbildern zu sehen, sie schmückten Giebel, Friese und Metopen* von Tempeln und Schatzhäusern *(Abb. 20)*. Bei der großen Prozession anläßlich der Panathenäen – des Festes zu Ehren der Stadtgöttin Athens – wurde ein Gewand mitgeführt, in das Szenen des Gigantenkampfs eingewebt waren; die Ostmetopen des Parthenon auf der Akropolis stellen diesen Mythos ebenso dar wie die Bilder auf der Innenseite des Schildes, den das große Goldelfenbeinstandbild der Athena Parthenos führte *(Abb. 34)*. Ist der große Fries des Pergamonaltars also der wenig originelle Aufguß einer verbreiteten Denkmälergattung bzw. eines bekannten Bildgegenstandes? Betrachtet man die Geschichte des griechischen Relieffrieses, so setzt der pergamenische Fries keine kontinuierlich verlaufende Entwicklung fort: Die Attaliden wählten eine Gattung, die im 5. und 4. Jahrhundert insbesondere im Bereich der Tempelarchitektur ihren Höhepunkt erreicht und danach nahezu brachgelegen hatte. Diesen Rückgriff auf eine traditionelle Form wird man ähnlich werten müssen wie die entsprechende Erscheinung im Bereich der Architekturvorbilder des Altars: als bewußte Entscheidung für ein gestalterisches Prinzip, dessen Qualität historisch verbürgt war, als Klassizismus, der den Anspruch der eigenen künstlerischen Leistung und die dahinter stehende Selbstsicht angemessen zur Geltung brachte. Die Reliefs des Pergamonaltars markieren damit den erneuten Aufschwung einer Gattung, die insbesondere in der römischen Kaiserzeit mit ihren Reliefdarstellungen an Säulen und Ehrenbögen wieder große Bedeutung erlangen sollte.

Weiten wir die Betrachtung von der Gattung auf das Thema des Gigantenkampfes aus, so führt auch dort kein bruchloser Weg von den Gigantomachien archaischer und klassischer Zeit zum Pergamonaltar: Neu ist der Umfang, der ihm am Bau eingeräumt wurde, entsprechend größer die Zahl der am Kampf Beteiligten.

Für die älteren Darstellungen dieser Art galt der Grundsatz, daß sie nur eine Seite des Bauwerks schmückten. Am Parthenon sind es die Metopen der Ostseite, am Siphnierschatzhaus ist es ausschließlich die Nordfront, auf die sich das Thema des Gigantenkampfes beschränkt; die Anzahl der kämpfenden Götter liegt unter zwanzig. Diese Lösung kam dem Charakter des Themas insofern entgegen, als die Gigantomachie im Grundsatz eine einheitliche Handlung ist, ohne Episoden, zeitliche oder örtliche Differenzierungen. Mit anderen Worten: Für den Betrachter bildeten die Kanten des Baukörpers den Bezugsrahmen, in dem der Kampf als ein geschlossenes Ganzes angesiedelt war. Nach unserem jetzigen Kenntnisstand durchbricht in der antiken Architektur allein die Gigantomachie des Pergamonaltars diese Regel. Das Kampfgeschehen, an dem rund fünfzig Göttergestalten teilnehmen, umgreift alle vier Seiten des Bauwerks. Für den Entwurf des Frieses ergaben sich daraus neue Aufgaben.

Um den Fluß des Geschehens nicht zu unterbrechen, mußte – wie wir bereits sahen – die architektonisch bedingte Zäsur an den Ecken des Baus überwunden werden. Auch reichte wegen der Vielzahl der am Kampf beteiligten Götter und Giganten der traditionelle Typenkatalog der Gigantomachiedarstellungen nicht aus; für manche Göttergestalt gab es sogar keinerlei Vorbild. Somit war die Notwendigkeit gegeben, Neues zu entwickeln; die Resultate haben in manchen Fällen ihrerseits ikonographische Traditionen begründet.

Andererseits – und damit kommen wir auf das Verhältnis von Innovation und Tradition zurück – sind einige Götter deutlich klassischen Vorbildern, insbesondere der attischen Kunst des 5. und 4. Jahrhunderts, verpflichtet. Nicht von ungefähr treten diese Rückgriffe besonders am Ostfries auf, dem der Betrachter zuerst gegenüberstand. Er war den zentralen Gestalten des Kampfgeschehens vorbehalten, auf deren Darstellung sich die ältere Gigantomachien zumeist beschränkt hatten: Zeus, Athena und den anderen olympischen Göttern sowie Herakles, ihrem sterblichen Verbündeten.

DIE OLYMPIER: BRÜCKENSCHLAG ZU GROSSEN VORBILDERN

Zeus und Athena agieren in der rechten Hälfte des Ostfrieses. Der Herr der Götter ist in ausgreifender Bewegung dargestellt, sein muskulöser Oberkörper, vom herabsinkenden Mantel eingefaßt, dem Betrachter frontal entgegengewandt *(Abb. 21)*. Er muß sich gleich mit drei Gegnern auseinandersetzen. Der linke ist bereits kampfunfähig, denn in seinem Oberschenkel steckt ein Gebilde mit nach außen gekrümmten Spitzen – der Blitz des Zeus, dessen Flammen der Bildhauer in wallenden, vor dem runden Schild des Giganten auflodernden Linien wiedergegeben hat. Auf einem Felsen sitzend, hebt er in einer bittenden Gebärde den linken Arm zu Zeus empor. Dieser nimmt jedoch keine Notiz von ihm, ebensowenig von dem in die Knie gebrochenen zweiten Gegner, den er mit einem Schlag seiner Ägis*, dem schlangenbewehrten, schildartigen Fell in seiner Linken, niedergestreckt hat. Seine Aufmerksamkeit gilt der mächtigen schlangenbeinigen Gestalt, die – nach rechts geneigt und in Rückansicht dargestellt – in absichtsvollem kompositionellen Gegensatz zum Herrn der Götter steht. Die fellumwickelte Linke erhoben, mißt der Gigant seinen Widerpart mit dem Blick; über ihm sind die Reste des Adlers erkennbar, der auf ihn niederstößt. Die Wildheit seines Charakters wird durch den zottigen Bart und die oben spitz zulaufenden Tierohren betont. Es ist wahrscheinlich Typhon, der Anführer der Giganten, den Zeus mit einem weiteren Blitzschlag seiner weit ausholenden Rechten vernichten wird.

Die Gruppe der Athena, die sich rechts anschließt, wiederholt die wesentlichen Bewegungsmotive der

Zeusgruppe im Gegensinn *(Abb. 22)*. Die Zeustochter, im langen ärmellosen Gewand, die Ägis mit dem Gorgoneion* über der Brust, hält den Schild in der Linken; mit der rechten Hand reißt sie ihren Gegner am Haar zurück. Sein Abwehrversuch ist bereits ermattet, die Anspannung der Bauch- und Brustmuskulatur eher auf den Biß zurückzuführen, den ihm eine Schlange der Göttin versetzt. Die Linke streckt sich hilfesuchend einer weiblichen Gestalt entgegen, die als Halbfigur aus dem Sockel des Reliefs emporsteigt und deren Brust er mit dem linken Bein zu berühren scheint. Es ist Ge, die Erdmutter; ihr Name ist links neben ihrem Haupt im Reliefgrund zu lesen. Als Attribut ist ihr über der linken Schulter ein Füllhorn beigegeben, aus dem sich Granatäpfel, Pinienzapfen und Weintrauben ergießen. Das Haar aufgelöst, fleht sie Athena um Gnade für ihren Sohn Alkyoneus an, dessen

21 *Gigantomachiefries, Ostseite. Zeus im Kampf mit seinen Gegnern. Über dem Schild des linken Zeusgegners ist die Tatze des Löwenfells zu erkennen, das Herakles trug*

22 Gigantomachiefries, Ostseite. Athena und der Gigant Alkyoneus. Rechts von ihr die Erdmutter Ge und die heranschwebende Siegesgöttin Nike

schmerzhafter Ausdruck sich auf ihrem Antlitz widerspiegelt. Die flüchtige Berührung von Mutter und Sohn hat einen konkreten Hintergrund: Alkyoneus galt als unsterblich, solange er die Verbindung zum Erdboden hielt. Dargestellt ist der Moment, bevor dieser Kontakt durch Athenas abrupten Griff abreißt und der Gigant damit überwindlich wird. Das doppelte Flügelpaar des Alkyoneus taucht in älteren Gigantomachien nicht auf; es steht in gewissem Widerspruch zur erdgebundenen Natur gerade dieses Giganten. Möglicherweise sind die Flügel aus der Absicht zu erklären, die Gestalt des Alkyoneus etymologisch zu fassen, denn das griechische Wort *alkyon* bedeutet Eisvogel.

Von rechts schwebt die geflügelte Siegesgöttin Nike heran, um Athena zu bekränzen; beide Figuren bilden mit ihren schräg geführten Körperachsen eine pyramidal aufgebaute Gruppe. In Entsprechung zu Nike war Herakles links neben Zeus dargestellt *(Abb. 21)*; seine Gestalt ist bis auf eine Tatze des Löwenfells um seinen Schultern verloren. Dem gebildeten antiken Betrachter, der über kunstgeschichtliche Kenntnisse verfügte, dürfte nicht entgangen sein, daß dieser Reliefabschnitt ein berühmtes Vorbild zitiert[9]. Seine Komposition ist dem wohl bedeutendsten Giebel der griechischen Kunst verpflichtet – dem Westgiebel des Parthenon, der zwischen 438 und 432 entstanden war *(Abb. 23)*. In diesem Giebel, der dem Besucher beim Betreten der Athener Akropolis als erstes vor Augen stand – auch dies eine Parallele zum Ostfries des Pergamonaltars –, war der Streit zwischen Athena und Poseidon um die Landschaft Attika dargestellt. Es kann kein Zweifel daran bestehen, daß die Zeus-Athena-Gruppe des pergamenischen Frieses in Bewegungsführung und Haltung auf diese beiden Göttergestalten zurückzuführen ist. Die kompositionelle Verwandtschaft beider Denkmäler wird noch deutlicher, wenn man sich vor Augen führt, daß Zeus und Athena mit ihren jeweiligen Begleitern ebenso wie die zentralen Giebelskulpturen des Parthenon von Gespannen gerahmt werden. Rechts von Nike eilt ein Gespann heran, das nur noch in Teilen erhalten ist *(Abb. 24)*; die sich aufbäumenden Pferde setzen über einen gefallenen Giganten hinweg. Doch hat sich auf dem Eckgesimsblock der Name des Gespannführers überliefert: Es ist der Kriegsgott Ares, der Sohn des Zeus und der Hera, der hier in das Kampfgeschehen eingreift. Dem Gespann des Ares entspricht das Viergespann, das sich links neben Zeus und Herakles anschließt *(Abb. 25, Falttafel II)*. Die Flügel an den Pferdelei-

23 *Das kompositionelle Vorbild: Athena und Poseidon, von Gespannen umrahmt, im Westgiebel des Parthenon. Rekonstruktionsskizze (nach F. Brommer). 438/7-32 v. Chr.*

24 *Gigantomachiefries, Ostseite. Das Gespann des Ares*

bern charakterisieren die Tiere als Flügelpferde des Zeus – hier wahrscheinlich mit den vier Winden Notos, Boreas, Zephyros und Euros gleichgesetzt. Dem genealogischen Ordnungsprinzip des Frieses entsprechend, werden sie von Hera gelenkt.

Über diesen kompositionellen Aspekt hinaus lehnen sich die Figuren selbst auch motivisch an Vorbilder der Klassik an. Die Gestalt der Athena läßt sich auf die Athena des Parthenon-Ostgiebels zurückführen, Zeus auf den Poseidon des Westgiebels *(Abb. 23)*. Sein Kontrahent Typhon schließlich gleicht dem Zeusgegner, der die Gigantomachie auf dem Schild der Athena Parthenos anführte *(Abb. 34)*.

Der Pergamonaltar ist also nicht nur Teil eines Aneignungs- und Verwertungsprozesses, der mit seiner Wiederentdeckung im 19. Jahrhundert beginnt und sich bis in die Gegenwart fortsetzt – die Reliefs des großen Frieses sind in einigen Zügen bereits selbst ein Stück antiker Rezeptionsge-

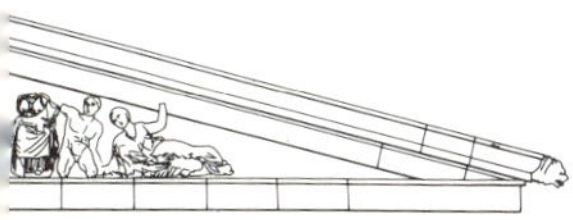

schichte. Somit stellt sich die Frage nach den Gründen für dieses Phänomen und den damit verbundenen Absichten. Die Erhellung der entsprechenden Motive wird allerdings dadurch erschwert, daß zeitgenössische Aussagen über den Pergamonaltar und sein Bildprogramm nicht überliefert sind. Vorab wird man feststellen dürfen, daß die betreffenden Figuren des großen Frieses – als Teil der Selbstdarstellung einer hellenistischen Monarchie geplant und ins Bild gesetzt – ihre Entstehung anderen Interessen verdankten als ihre Vorbilder von der Akropolis, die im 5. Jahrhundert von einem demokratisch verfaßten Stadtstaat in Auftrag gegeben worden waren; sie dürften demzufolge andere Botschaften vermittelt haben und anderen ›Lesungen‹ durch den Betrachter unterworfen gewesen sein. Was veranlaßte die Attaliden zu einer Retrospektive gerade dieser Art? Der allgemeine Hinweis auf den Vorbildcharakter der attischen Kunst jedenfalls reicht als Erklärung nicht aus.

25a *Detail aus Abb. 12 Statue der Athena Parthenos in Pergamon (Ausschnitt)*

In welch hohem Maß das pergamenische Königshaus Verknüpfungen zum Athen der Gegenwart, noch mehr zum Athen der Vergangenheit herzustellen suchte, wurde bereits angedeutet. Athena war die Stadtgöttin Athens wie Pergamons, die Nachbildung der Athena Parthenos schmückte die pergamenische Bibliothek (Abb. 25a). Vor den Propyläen, dem Eingangsbau zur Akropolis, erhob sich weithin sichtbar ein Pfeilermonument, das ein Bronzeviergespann mit der Darstellung des pergamenischen Königs trug. Am Abhang der Akropolis stand eine weitere, von den Attaliden gestiftete Säulenhalle, auf der Agora die Statue des Königs Attalos I., den die Athener in die Reihe ihrer mythischen Gründerväter, der Phylenheroen*, aufgenommen hatten. Die Präsenz des pergamenischen Königshauses in Athen war unübersehbar, sein Interesse an der Stadt vielschichtig. Ein Motiv stand gewiß im Vordergrund: die glanzvolle Rolle Athens in den Perserkriegen. Da die Attaliden sich selbst in die Tradition der Barbarenbezwinger stellen wollten, bedienten

25 *Gigantomachiefries, Ostseite. Hera lenkt die Flügelpferde des Zeus*

sie sich am Fries bildsprachlicher Mittel, die einen assoziativen Bezug zu Athen herstellten. Der griechische Betrachter des Frieses war es gewohnt, in mythologischen Darstellungen Anspielungen auf politische Vorgänge der eigenen Zeit zu erkennen, doch in diesem Friesabschnitt wird die Parallele zwischen Gigantenkampf und Gallierkrieg – und damit die erste Sinnschicht der Darstellung – um eine Dimension erweitert: *Geschichte wird selbst zum Mythos*. Daß der Parthenon und die Darstellung in seinem Westgiebel mit den Perserkriegen unmittelbar nichts zu tun hat, spielt dabei keine Rolle. Er war der sinnfälligste Ausdruck für die Glanzzeit der Stadt, an deren Nimbus als Barbarensieger man teilzuhaben suchte.

Ein solches Zitat, verbunden mit dem Allgemeinheitsgrad des Feindbildes (Perser/Gallier gleich Barbar), verwischte für den Betrachter überdies die Unterschiede zwischen der pergamenischen Mon-

26 *Gigantomachiefries, Ostseite. Apollon und seine Gegner*

27 *Apoll von Belvedere. Römische Kopie eines griechischen Originals, das dem Bildhauer Leochares zugeschrieben wird. Um 330 v. Chr.; Rom, Vatikan*

archie und den demokratischen Stadtstaaten, von denen einige, wie etwa Athen, in hellenistischer Zeit noch bestanden: Es war ein Appell an die gemeinsame Sache, die alle Griechen anging. Ein fragmentarisch erhaltener Briefwechsel zwischen den Attaliden und der Stadt Milet belegt, daß sich das Herrscherhaus diese Ebene zunutze machen konnte, ohne unglaubwürdig zu wirken[10].

Kehren wir zur Betrachtung des Ostfrieses zurück. Auch die nächste Göttergestalt *(Abb. 26)*, die sich nach einer größeren Lücke erhalten hat, läßt ein berühmtes Vorbild erkennen. Der nackte Gott ist mit Pfeil und Bogen bewaffnet, wie der quer über die Brust verlaufende Riemen zur Befestigung des Köchers zeigt. Den Bogen hielt er im (nicht vollständig erhaltenen) linken Arm, über den sein Mantel geworfen ist, die Rechte zog einen neuen Pfeil aus dem Köcher. Sein Blick war über den Bogen hinweg auf einen Gegner gerichtet, von dem nur der Kopf und Reste seiner Schlangenbeine erhalten sind; ein zweiter Gigant ist, von einem Pfeil ins Auge getroffen, vor seinen Füßen zusammengebrochen. Bewaffnung und Kampftechnik des Gottes sind kennzeichnend für Apollon, den Sohn des Zeus und der Leto. Bis auf die Haltung des rechten Arms entspricht seine Darstellung am Fries dem um 330 v. Chr. entstandenen Apoll von Belvedere, der dem attischen Bildhauer Leochares zugeschrieben wird *(Abb. 27)*.

Die drei restlichen Göttergestalten des Ostfrieses stehen in einem engen Verwandtschaftsverhältnis zu Apollon. Unmittelbar neben ihm kämpft seine Mutter Leto, deren Benennung und Position im Fries gesichert ist *(Abb. 28)*. Ihr geflügelter Gegner ist bereits zu Boden gestürzt, einen Entsetzensschrei auf den Lippen; die Hitze der Fackel, die ihm Leto entgegenstößt, versengt sein Gesicht. Die vogelartigen Krallen seiner Linken krampfhaft in den Erdboden geschlagen, versucht der Gigant vergeblich, den Angriff der Göttin abzuwehren. Sein Name dürfte Tityos sein, von dem es hieß, er habe versucht, sich an Leto zu vergreifen, als diese mit ihren Kindern Apollon und Artemis auf dem Weg nach Delphi war. Wie Leto rechts von ihrem Sohn begleitet wird, so ist ihr links ihre Tochter beigegeben *(Abb. 29)*. Die Jagdgöttin Artemis – gestiefelt und in ein geschürztes Gewand gekleidet – kämpft ebenso wie Apollon mit Pfeil und Bogen. Ihren jugendlichen Gegner mit dem Blick fixierend, hat sie den rechten Fuß auf einen getöteten Giganten gesetzt. Ihr Hund greift mit in den Kampf ein; er hat sich in das Genick eines schlangenbeinigen Giganten verbissen, der sich am Boden windet und vergeblich versucht, mit einem Finger dem Hund ein Auge auszudrücken. Eines der Schlangenbeine dieses Giganten schnappt nach der dreileibigen Göttin Hekate.

Blicken wir auf den Ostfries insgesamt *(Falttafel II)*, so scheint sein formaler Aufbau annähernd symmetrisch konzipiert zu sein[11]. Hera nimmt etwa die

28 *Gigantomachiefries, Ostseite. Leto bekämpft den Giganten Tityos*

Friesmitte ein, während sich das Geschehen der beiden Frieshälften um Zeus auf der einen, Apollon auf der anderen Seite ordnet. Ein enges Netz genealogischer Beziehungen verbindet diese Zentralgestalten mit den übrigen Figuren des Ostfrieses: Zeus und Hera werden von ihrem Sohn Ares und der Zeustochter Athena unterstützt, Demeter, die links neben Hera dargestellt war, und Zeus sind Geschwister. Diese verwandtschaftlichen Beziehungen werden, wie wir noch sehen werden, zur Fortführung des Geschehens um die Ecke auf den Nordfries genutzt: Die erste Göttin, die dort erscheint, ist Aphrodite, die Gemahlin des Ares, die zweite ihre Mutter Dione. In gleicher Weise ist die linke Hälfte des Ostfrieses aufgebaut, in der sämtliche Gestalten verwandtschaftlich mit Apollon verbunden sind; dieses Verhältnis umfaßt auch die ersten Figuren des Südfrieses.

29 *Gigantomachiefries, Ostseite. Die Sippe um Apollon. Links von Leto ihre Tochter Artemis, im Rücken von deren Gegner die dreileibige Hekate. Vgl. Abb. 15*

HISTORIE UND MYTHOS: GALLIERSIEGE UND HERRSCHERSAGE

Das genealogische Gefüge, das der Handlung des Ostfrieses unterlegt ist, stellt als Hauptbeteiligte am Gigantenkampf die wichtigsten olympischen Götter vor und bindet die beiden anderen Friesseiten sinnvoll an; zugleich aber bildet dieses Gefüge den erzählerischen Rahmen für eine weitere Bedeutungsschicht, in der das Geschehen über die bereits betrachteten Botschaften hinaus auf subtile Weise mit der Attalidendynastie, ihrer Herrscherideologie und Selbstdarstellung verbunden wird.
Wir erinnern uns, daß Athena von der geflügelten Nike begleitet wird, die ihr den Siegeskranz anträgt. Der kriegerischen Zeustochter wird damit eine wesentliche Rolle in diesem Kampf zugewiesen – die der »Siegbringenden« (Athena Nikephoros). Ein

bedeutendes Heiligtum vor der Stadt Pergamon war der Athena geweiht, die diesen Beinamen führte. Nachdem sich die Attaliden 183 v. Chr. gegen das Königreich von Bithynien und die Gallier behauptet hatten, wurde das Fest der Nikephorien in ein neues, glanzvolleres Gewand gekleidet. Der überregionale Anspruch dieses Festes drückt sich in den Einladungen aus, die an die griechische Welt ergingen; er wurde durch den Fünfjahreszyklus festgeschrieben, in dem die Nikephorien in der Folgezeit begangen wurden – der Anlaß blieb den Zeitgenossen damit präsent. Für die ›Lesung‹ einer Gestalt wie der Athena des großen Frieses durch den antiken Betrachter wird man solch außerbildlichen Vorgängen eine Bedeutung nicht absprechen dürfen: Als Teil der damaligen Lebenswirklichkeit stand der Fries in einem größeren kommunikativen Zusammenhang, der Kenntnisse, Erfahrungen, Assoziationen des Betrachters einschloß; nur vor diesem Hintergrund sind die in der bildlichen Darstellung angelegten Aussagen sinnvoll und verständlich.

30 *Herakles und das Herrscherhaus: in Pergamon geprägter Münztyp Alexanders des Großen, auf der Vorderseite der Herakleskopf. Er weist Porträtzüge auf, die auf Attalos I. bezogen werden. Um 200 v. Chr.; London, Britisches Museum*

Ähnliches gilt für die Gestalt des Herakles: Seine hervorgehobene Position im Fries an der Seite des Zeus entspricht vordergründig seiner Bedeutung für den Ausgang des Kampfes; ideologisch trägt sie der Tatsache Rechnung, daß dieser Heros als Ahnherr der Attaliden galt *(Abb. 30)*. Herakles ist der Vater des Telephos, des sagenhaften Gründers von Pergamon, dessen Mythos im zweiten, innen umlaufenden Fries des Pergamonaltars erzählt wird. Das Herrscherhaus scheint gewissermaßen durch die Gestalt des Herakles hindurch; so wie er dem Kampf gegen die Giganten die entscheidende Wende gibt, wollen die Attaliden als Vorkämpfer gegen die gallischen Barbaren, als Garanten für die Aufrechterhaltung einer Ordnung gesehen werden, in der sie selbst das Gute verkörpern, das, was gegen sie und diese Ordnung gerichtet ist, das Schlechte. Der Mythos des Gigantenkampfs umschreibt dabei die Qualität dieser Ordnung: Er ver-

leiht ihr einen naturgegebenen, von den Zeitläuften nicht veränderbaren Rang und behauptet damit gleichzeitig, daß jedes Infragestellen dieser Ordnung von vornherein zum Scheitern verurteilt ist.
Auch der Gestalt des Apollon im Ostfries kann ein Platz in diesem System zugewiesen werden[12]. Die Nähe zu Mutter und Schwester, besonders aber der Letogegner Tityos konkretisieren den Ort des Geschehens und weisen Apollon damit als den delphischen Orakelgott aus. Man erzählte, daß die Erscheinung Apollons die Gallier in die Flucht geschlagen habe, als diese 278 v. Chr. auch gegen Delphi vorrückten. Zur Erinnerung an diesen Galliersturm war eine große Säulenhalle in das Heiligtum geweiht worden, die gallische Beutewaffen beherbergte. Nach ihren ersten großen Galliersiegen im späteren 3. Jahrhundert hatten die Attaliden in Delphi ebenfalls eine Halle errichten lassen, die ihre Erfolge feierte[13]; in ihrem Innern befand sich ein großer Gemäldezyklus, dessen Thema wahrscheinlich auf die Gallierschlachten Bezug nahm. Auch war das Heiligtum voller Perserkriegsdenkmäler, auf die die pergamenische Weihung in vielfältiger Weise Bezug nahm.
Rufen wir uns die Worte des Polybios über die Mythologie und ihre Funktion in Erinnerung, so war der Hellenismus zumindest für die gebildete Oberschicht ein rationalistisches Zeitalter. Man wird deshalb sagen dürfen, daß sich die Attaliden mit dem großen Fries nicht der Hilfe der Götter versicherten, sondern Mythen in ihrem Sinne verwerteten.

LICHT- UND GESTIRNSGÖTTER: DIE BEDROHUNG DES ABLAUFS DER ZEIT

Die ersten Gestalten in der rechten Hälfte des Südfrieses sind, wie wir bereits sahen, noch mit der Sippe des Apollon und damit thematisch dem Ostfries verbunden *(Abb. 31, 15)*: Asterie, die Schwe-

ster Letos, geht gegen den schlangenbeinigen Giganten in der Friesecke vor; sie packt ihn am Haar und stößt ihm mit der Rechten ihr Schwert in die Brust. Vergebens versucht der Gigant, den Hund wegzureißen, der sich in eines seiner Beine verbissen hat. Phoibe, die Großmutter Apollons, kämpft Rücken an Rücken mit ihrer Tochter Asterie; die zum Stoß erhobene Fackel, die sie gegen den spitzohrigen und gehörnten, mit stacheligen Flügeln versehenen Giganten vor ihr richtet, nimmt das Motiv der Hekate vom Ostfries auf und treibt damit die Kampfbewegung von der Ecke zur Friesmitte voran. Ein zweiter Gigant ist zu Füßen dieses Flügelwesens gestürzt und versucht, sich einen Pfeil aus der Brust zu ziehen.

31 *Gigantomachiefries, Südseite. Die Lichtgöttinnen Phoibe und Asterie. Phoibe nimmt das Motiv der Fackel von der Hekate des Ostfrieses wieder auf*

Die folgende Göttin ist bis auf geringe Reste verloren, doch hat sich ihr Name auf dem Gesimsblock erhalten. Es ist Themis, die Göttin der Gerechtigkeit, die Schwester der Phoibe und ursprüngliche Herrin des delphischen Heiligtums. Somit noch Apollon verbunden, steht sie in enger verwandtschaftlicher Beziehung zu dem Götterkreis, auf den ihre Nachbarinnen zur rechten bereits vorausweisen: Asterie, die »Sternene«, und Phoibe, die »Glänzende«, leiten zur Thematik des mittleren Friesabschnitts über. Dem allumfassenden Charakter der Gigantomachie entsprechend, wird den Olympiern des Ostfrieses hier eine weitere Sippe zugesellt – die Götter des Tages und der Nacht[14].

Themis steht ein geflügelter bärtiger Gott zur Seite,

kurzgewandet und mit alten Gesichtszügen *(Abb. 32)*. Er setzt mit dem rechten Arm zu einem mächtigen Schwerthieb an, mit dem er den vor ihm hokkenden Giganten niederstrecken wird; abwehrend hat dieser den fellumwickelten linken Arm erhoben, zu spät greift die Rechte nach einem am Boden liegenden Felsbrocken. Für die Deutung der Göttergestalt ergaben sich unlängst neue Anhaltspunkte[15]. Die Alterszüge, besonders aber das Eulenaugenpaar, das auf seinem linken Flügel zu sehen ist, deuten auf Uranos hin, den Vater der Themis und den Herrn des nachtschwarzen Firmaments. In der griechischen Göttergenealogie steht er am Anfang, Zeus ist sein Enkel. Mit ihm beginnt der engere Kreis der Götter, die die Tages- und Nachtgestirne verkörpern: Eos, die Morgenröte, der Sonnengott Helios und die Mondgöttin Selene, alle drei Enkel des Uranos *(Abb. 33, 35)*. Sie scharen sich um ihre Mutter Theia, deren Darstellung – wie der zentrale

32 *Gigantomachiefries, Südseite. Der geflügelte Uranos. Rechts neben ihm war seine Tochter Themis dargestellt. Der jugendliche Ringer links von ihm ist nicht eindeutig benennbar; er wird meist als Aither, die Personifikation des leuchtend klaren Himmels, gedeutet. Die Ringergruppe ist motivisch von Darstellungen beeinflußt, die Herakles im Kampf mit dem Löwen zeigen*

33 *Gigantomachiefries, Südseite. Die Mondgöttin Selene*

34 *Vasenfragment mit einer Gigantomachiedarstellung, die wahrscheinlich den Gigantenkampf auf dem Schild der Athena Parthenos überliefert. Die Erdmutter Ge und der Gigant mit der fellumwickelten Linken ähneln den entsprechenden Gestalten am Pergamonaltar (vgl. Abb. 21 und 22). Rechts über der Ge lenkt der Sonnengott Helios sein Viergespann das Firmament hinauf; auf der Gegenseite ist – hier nicht sichtbar – an entsprechender Stelle die Mondgöttin Selene dargestellt. Um 410 v. Chr.; Neapel, Nationalmuseum*

Teil des Südfrieses überhaupt – sich leider nur lückenhaft erhalten hat *(Falttafel II)*.

Für die Beteiligung von Gestirnsgottheiten am Gigantenkampf gibt es ältere Parallelen. So sind Helios und Selene unter den Göttern eines antiken Vasenbildes dargestellt *(Abb. 34)*, das wahrschein-

lich die Gigantomachie vom Schild der Athena Parthenos überliefert[16]. Während sie dort jedoch die Olympier flankieren und damit gewissermaßen die Grenzen des Himmels bezeichnen, innerhalb derer sich der Kampf abspielt, treten sie am Pergamonaltar als geschlossener Verband auf. Sein Zusammenhalt wird mit verschiedenen bildlichen und kompositorischen Mitteln betont.

So benutzen alle drei Enkel des Uranos in gleicher Weise Tiere zur Fortbewegung: Eos und Selene – im Damensitz auf Pferd und Muli – flankieren den Sonnengott, der in seinem Gespann stehend dargestellt ist *(Abb. 35)*. Der gleichmäßige Zug der Tiere nach links unterstreicht die stumme Präzision des Naturvorgangs – vom Sonnenauf- zum Sonnenuntergang. Das Kampfgeschehen hat jedoch auch vor

35 *Gigantomachiefries, Südseite. Ein Gigant verlegt dem Gespann des Helios den Weg. Links reitet Eos, die Göttin der Morgenröte*

diesem sich ewig wiederholenden Ablauf nicht haltgemacht. Das Pferd der Eos verhält und wendet den Kopf zurück; seine Aufmerksamkeit scheint den Vorgängen hinter ihm zu gelten. Dort bäumen sich die Pferde des Sonnengottes auf, denn ein Gigant – die fellumwickelte Linke erhoben – verstellt ihnen den Weg. Breitbeinig steht der Heliosgegner über einem getöteten Giganten, dessen Unterkörper im Reliefgrund verschwindet – er ist also quer vor dem Gespann liegend gedacht. Dieses Detail macht deutlich, daß die Szene den Versuch wiedergibt, Helios an der Weiterfahrt zu hindern.

Das Reittier der Selene scheint ein wenig den Anschluß verloren zu haben *(Abb. 33)*. Mit weit ausgreifendem Schritt versucht es aufzuholen. Es sind also wiederum die Tiere, die dem Betrachter auf besondere Weise das Thema dieses Friesabschnitts vor Augen führen: Die Giganten sind bestrebt, *den harmonischen Gang der Zeit in Unordnung zu bringen*.

Die Kampfszene, die sich links an die reitende Eos anschließt, markiert offenkundig erneut einen Einschnitt in der Darstellung, denn die folgenden Göttergestalten bewegen sich auf die Friesmitte zu[17] *(Abb. 36)*. Zentrum der beiden Bewegungszüge ist der Torso eines knienden Gottes in Rückansicht, dessen Zugehörigkeit zum Südfries erst vor gut zwei Jahrzehnten nachgewiesen werden konnte[18]. Er war bereits 1625 für die Antikensammlung von Thomas Howard, dem zweiten Earl of Arundel, erworben und nach England gebracht worden. Der Gott, dessen Benennung unsicher ist, muß sich mit einer unerhört muskulösen Gestalt auseinandersetzen. Mit seinem stiergehörnten Kopf scheint dieser bärtige, schlangenbeinige Gigant zu einem Stoß anzusetzen, doch hat der Gott ihm bereits eine Lanze in die Brust gerammt. Von rechts wird er durch Eos unterstützt, die den gebeugten Nacken des Giganten mit einer Fackel bedroht, von links eilt ihm ein weiterer Gott zu Hilfe, der zu einem wuchtigen Schlag mit seiner beidhändig geführten Axt ausholt. Sein Name ist nicht überliefert.

36 *Gigantomachiefries, Südseite (Photomontage). Neben der reitenden Eos kniet ein Gott, dessen Zugehörigkeit zum Fries erst vor einigen Jahren erkannt wurde. Seine Deutung ist ebenso unsicher wie die des Axtschwingers hinter dem stiergehörnten Giganten*

37 *Gigantomachiefries, Südseite. Löwenreitende Rhea-Kybele, begleitet von einem Adler des Zeus. Die Göttin vor ihr wird als die Berggöttin Adrasteia gedeutet, die ähnliche Wesenszüge besitzt wie Kybele*

GÖTTER AUS DEM ORIENT: MUTTERKULT UND HERRSCHERKULT

Zwei Frauengestalten bilden den linken Abschluß des Südfrieses *(Abb. 37)*. Von der Ecke her greift eine matronale Göttin in den Kampf ein, die den größten Löwen des Frieses reitet. Wie ein Schleier wölbt sich ihr Mantel hinter ihrem Haupt; als Waffe führt sie Pfeil und Bogen. Es ist die große Muttergottheit – im Orient Kybele oder Meter, im griechischen Mutterland Rhea genannt, die sich in Kleinasien seit alter Zeit besonderer Verehrung seitens der einheimischen Bevölkerung erfreute. Als die Attaliden ihre Herrschaft in Pergamon antraten, lebten in den größeren Küstenstädten zwar Menschen, die griechisch dachten und sprachen, griechischen Göttern opferten; auf dem flachen Land jedoch, in Anatolien, waren weiterhin Vorstellungen aus vorgriechischer Zeit lebendig und die Verehrung der Großen Mutter un-

gebrochen. Um auch diese nichtgriechischen Bevölkerungsteile an das neue Herrschaftssystem zu binden, förderten die Attaliden die entsprechenden Kulte in besonderer Weise. Bereits der Dynastiegründer Philetairos ließ in einem nahe gelegenen Meterheiligtum einen Tempel errichten, in Pergamon selbst befand sich ein Heiligtum der Meter Basileia, der »königlichen Mutter«, und ein Megalesion genannter heiliger Bezirk (*megale* griech.: die Große). Mit dem Hauptheiligtum der Göttin in Kleinasien, Pessinus, das 183 v. Chr. pergamenisch wurde, und der dortigen Priesterschaft war das Herrscherhaus freundschaftlich verbunden. Die Wirksamkeit der pergamenischen Religionspolitik in diesem Punkt wird dadurch unterstrichen, daß gerade die Priester

38 *Gigantomachiefries, südliche Risalitstirn. Dionysos in Begleitung zweier knabenhafter Satyrn. Rechts am Reliefrand seine Mutter Semele*

von Pessinus dem Königshaus in politisch schwierigen Zeiten eine Stütze waren. So ist die Darstellung der Muttergöttin am großen Fries auch vor diesem Hintergrund zu sehen. Die Gelassenheit, mit der sie sich hier am Kampf beteiligt, ist Ausdruck der Eigenständigkeit, die diese unter so verschiedenen Namen verehrte Frauengestalt besonders in den einheimisch-anatolischen Kulten auszeichnet – die dortige Bevölkerung konnte in dieser Göttin »ihre« Große Mutter sehen[19]. Ein Detail läßt allerdings keinen Zweifel daran, daß die Auftraggeber nicht gewillt waren, die von keinem männlichen Wesen eingeschränkte Stellung der anatolischen Mutter einschränkungslos in ihr Monument zu übernehmen: Über dem Schweif des Löwen fliegt der Adler, durch das Blitzbündel in seinen Krallen als Vogel des Zeus ausgewiesen. Die Göttin erscheint somit hier in griechischer, wenn man will harmloserer Verkörperung: als Göttermutter Rhea, Mutter des Zeus.

Die Darstellung der Muttergöttin bietet Gelegenheit, auf einen weiteren Aspekt der pergamenischen Herrscherideologie und ihren Niederschlag in der Gestaltung des großen Frieses aufmerksam zu machen. Der Förderung der Mutterkulte durch die Attaliden entsprach die Gepflogenheit der königlichen Familie selbst, den Frauen des Herrscherhauses besondere Verehrung zu zollen; der Beiname Philometor – der Mutterliebende – gab bereits einen Hinweis darauf. Am großen Fries treten gerade weibliche Gottheiten in ungewöhnlich großer Zahl auf. Dies ist am ehesten dadurch zu erklären, daß die Attaliden der besonderen Rolle der Frau in ihrer Selbstdarstellung Rechnung trugen[20].

An dieser Stelle des Frieses werden erneut Begleittiere dazu genutzt, den inhaltlichen Zusammenhang der Darstellung auch über die Ecke hinweg zu vermitteln. Waren es an der Südostecke die Hunde von Artemis, Hekate und Asterie *(Abb. 15)*, so entspricht dem Löwen der Rhea-Kybele ein kämpfender Löwe an der Stirnseite des Südrisalits* *(Abb. 38, Falttafel II)*. Er hat einen Giganten niedergeworfen, der sich, den rechten Arm gegen den Boden gestemmt, mit dem linken Bein gegen den Ansturm des Tieres zu wehren versucht. Diese pyramidenförmig aufgebaute Kampfgruppe wird rechts von Semele, links von ihrem Sohn Dionysos flankiert. Der Zeusabkömmling Dionysos hat einen Efeukranz im Haar, das bis zu den Schultern herabfällt; begleitet wird er von einem Panther, von dem nur noch Reste zwischen seinen Beinen erkennbar sind, und von zwei Satyrknaben.

Die Reliefs, die sich auf der Innenseite des Risalits die Treppe hinaufziehen, sind stark zerstört *(Abb. 39)*. Immerhin sind für diesen Teil des Frieses inschriftlich Nymphen gesichert, die zum Gefolge des Dionysos gehören; man wird deshalb davon

39 *Gigantomachiefries, Innenseite des Südrisalits. Die stark zerstörte Frauengestalt am Treppenabsatz ist eine der Nymphen. Bei der rechten Göttin, die ihren Gegner von oben ersticht, könnte es sich um eine weitere Nymphe handeln*

ausgehen können, daß auch die weiteren verlorenen Figuren aus dem Kreis des Weingottes stammen. Im äußersten Winkel der Treppe geht ein Adler des Zeus gegen einen Giganten vor *(Abb. 40)*.

Die benennbaren Göttergestalten des Südfriesendes und des Südrisalits haben eines gemeinsam: ihre Herkunft und die Art ihres Kultes[21]. Kybele-Rhea und Dionysos stammen aus dem Osten, beide werden von Löwen und Panthern begleitet. Die Muttergöttin ist die Herrin der Natur, Dionysos der Gott der Vegetation und der Fruchtbarkeit allgemein; beide Kulte tragen gleichermaßen orgiastische Züge. Figurenauswahl und Begleittiere charakterisieren damit den Südrisalit als den Ort innerhalb des Gesamtgeschehens, der dem Kreis der östlichen Gottheiten vorbehalten ist. Diese Thematik und ihre Träger stehen auch hier wieder in einer engen inhaltlichen Beziehung zu den Attaliden und ihrer

40 *Gigantomachiefries, Innenseite des Südrisalits. Ein Zeusadler greift von oben einen Giganten an*

Herrschaft. Neben Rhea-Kybele gilt dies insbesondere für Dionysos, der gemeinsam mit seiner Mutter den durch seine Lage und Überschaubarkeit hervorgehobenen Platz auf der Risalitstirn einnimmt[22]. Als Dionysos Kathegemon war er der Schutzgott der Dynastie, dessen Priester von Angehörigen der königlichen Familie gestellt wurden; er spielte im Herrscherkult die wichtigste Rolle. Eine von den Attaliden gegründete Stadt wurde zu Ehren des Gottes Dionysopolis genannt. Für die hinter der Gesamtthematik des großen Frieses stehende Absicht, die Gallierkämpfe mythologisch zu überhöhen, ist ein Ereignis noch bedeutsamer, bei dem sich das Wesen des Gottes in der Person des Herrschers selbst bewies: Ein Orakel hatte dem »stiergehörnten Attalos« den Sieg über die Gallier prophezeit – die Stierhörner sind als Anspielung auf Dionysos zu verstehen, der sich auch in dieser Gestalt zu offenbaren pflegte.

Die Verbindung zwischen Dionysos und dem Herrscherhaus wurde also derart nachhaltig propagiert, daß der Betrachter kaum tiefgreifende Kenntnisse benötigte, um die Sinnschicht hinter der Darstellung des Gottes am Altar zu entschlüsseln. Möglicherweise schwingt ebenso wie in anderen Teilen des Frieses in den Reliefs dieser Risalitstirn wiederum die Verehrung der Mutter und das gute Einvernehmen zwischen den Mitgliedern der königlichen Familie mit. Dionysos erscheint am Fries neben seiner Mutter Semele; beide Götter und deren Gefolge waren auch auf einem Gemälde dargestellt, das etwa zur gleichen Zeit entstand wie der Altar und zusammen mit achtzehn weiteren Bildern dem Thema der Mutterliebe gewidmet war. Dieser Bilderzyklus hing in einem Tempel, den der König Eumenes II. und sein Bruder zu Ehren ihrer Mutter in deren Heimatstadt hatte errichten lassen[23].

DER STIL DES FRIESES: DIE MEERESGÖTTER

Betrachtet man die Stirnseite des gegenüberliegenden Nordrisalits, so fällt auf, wie sehr sie in ihrem formalen Aufbau der südlichen Risalitstirn entspricht *(Abb. 41, Falttafel II)*. Wiederum dringen zwei Göttergestalten von außen gegen ihre Kontrahenten vor, die sich zwischen ihnen zu einer pyramidenförmigen Gruppe drängen. Auch ohne die Kenntnis ihrer Namen, die sich beide erhalten haben, ist ihre Zugehörigkeit zu den Göttern der Meerestiefen sofort ersichtlich: Triton, der Sohn des Poseidon und der Amphitrite, ist mit flossenartigen Flügeln ausgestattet. Sein Fischleib, der in einen menschlichen Oberkörper ausläuft, zerquetscht einen Giganten; ein zweiter Gegner wird bereits von den Hufen der Pferdevorderbeine bedroht, die dieses Mischwesen zusätzlich besitzt. Von rechts wird Triton von einem dritten Giganten angegriffen, doch hat er schon das Löwenfell ge-

packt, mit dem dieser seinen linken Arm zu schützen sucht. Das zum Stoß bereite Schwert in der rechten Hand Tritons ist verloren.

Von rechts bekämpft Amphitrite einen schlangenbeinigen Giganten. Die formale Übereinstimmung mit der Stirnseite des Südrisalits schließt die inhaltliche Ebene ein: Mutter und Sohn bedrängen ihre Gegner.

Der Kreis der Meeresgötter setzt sich auf der Treppenwand des Risalits fort; er beginnt mit Nereus und Doris, dem Elternpaar der Amphitrite *(Abb.*

41 *Gigantomachiefries, nördliche Risalitstirn. Triton und seine Mutter Amphitrite bekämpfen von außen ihre Gegner. Die Mischgestalt des Triton ist das Vorbild für viele Meerwesen der späteren Kunstgeschichte*

42). Der in der Meerestiefe wohnende Nereus, seinem hohen Alter entsprechend als Greis dargestellt, greift nicht direkt in das Kampfgeschehen ein. Er verfolgt, wie seine Gattin den Kopf eines Giganten an den Haaren zurückreißt. Als Meeresgöttin trägt sie Stiefel aus Fischhaut. Sie hat einen Fuß auf ein Schlangenbein ihres Gegners gestellt, dessen aussichtslose Lage sich möglicherweise auch in der merkwürdigen Passivität seines zweiten Schlangenbeins widerspiegelt: Die Schlange scheint nicht mehr zu kämpfen, sie hat sich in den Winkel zweier

Treppenstufen zurückgezogen. Der bärtige Kämpfer neben dem Dorisgegner ist Okeanos, der Weltstrom, dem wahrscheinlich seine Gemahlin Tethys zur Seite stand. Vor ihnen kniet ein Gigant auf den Stufen der Treppe; offenbar greift er nach einem Stein, der ebenfalls auf einer Treppenstufe liegt. Wie an der entsprechenden Stelle des Südrisalits wird der Fries durch einen Adler des Zeus abgeschlossen, der von oben einen Giganten bekämpft *(Falttafel II)*.

Auch wenn dieser Abschnitt des großen Frieses nicht zu den künstlerisch stärksten Teilen des Pergamonaltars zählt – die motivische Abhängigkeit der Doris- von der Athenagruppe des Ostfrieses ist ebenso offensichtlich wie ihre geringere Qualität –, so läßt sich doch nirgends sonst besser verdeutlichen, in welchem Spannungsverhältnis die Figuren zum Reliefgrund und damit zum Bau stehen[24] *(Falttafel I)*.
Die vom Betrachter betretbare, reale Architektur und die Handlung des Frieses sind hier in unmittelbarer Weise aufeinander bezogen: Die Giganten benutzen die Treppe, wie wir es tun; sie wollen Steine schleudern, die auf der Treppe liegen; die Adler an den Enden des Frieses verhindern gewissermaßen, daß sich der Gigantenkampf oben auf der Altarplattform fortsetzt. Wohl hatte sich im Hellenismus eine Kunstrichtung entwickelt, deren Bestreben es war, die Wirkung freiplastischer Standbilder durch ihre Aufstellung in einem naturähnlichen Environment zu erhöhen. So gab es in den hellenistischen Parks künstliche Grotten mit passender Statuenausstattung[25]; auch die Nike von

42 *Gigantomachiefries, Innenseite des Nordrisalits. Der bärtige Meergott Nereus hinter seiner Frau Doris. Vor ihr Okeanos, dessen Gemahlin Tethys nicht erhalten ist*

Samothrake stand ursprünglich, als Denkmal für einen Seesieg geweiht, auf einer als Schiffsbug gestalteten Basis inmitten eines kleinen Wasserbassins, aus dem Felsen aufragten *(Abb. 43, 44)*. Doch die Übernahme solcher Tendenzen aus dem Bereich der Freiplastik in die Reliefkunst, wie wir sie am Pergamonaltar finden, war bis dahin unbekannt. Bauwerk und Friesgeschehen verknüpfen sich hier in enger gegenseitiger Bedingtheit zu einem Ganzen. Der Eindruck drängt sich auf, als fände zwischen dem Sockelglied des Reliefs und dem weit ausladenden Gesims tatsächlich ein Kampf um den Bau statt. Die Bewegungsführung der Figuren, die sich nahezu ausnahmslos parallel zum Reliefgrund vollzieht, unterstreicht noch die inhaltliche Bindung der Skulptur an das Bauwerk: erst der Bau verleiht der Darstellung ihren vollen Sinn. Paradoxerweise wird diese Bindung jedoch dadurch gewonnen, daß die Figuren selbst ihre Bindung an den Reliefgrund überwunden haben. Anders als bei den Friesen der Klassik ist er hier kein Medium, das »nachgibt« und so zwischen dem Baukörper und den plastisch hervortretenden Figuren vermittelt. Beinahe freipla-

43, 44 *Im Hellenismus wurden naturähnliche Environments für die Aufstellung von Statuen gesucht: die Nike von Samothrake und ihre ursprüngliche Aufstellung (Rekonstruktionszeichnung). Um 190 v. Chr.; Paris, Louvre*

45 *Gigantomachiefries, Nordseite. Nur geringe Reste sind von Poseidon und seinem Seepferdgespann erhalten*

stisch stehen die Götter und Giganten des großen Frieses vor dem Reliefgrund. Der dadurch bedingte Aktionsspielraum der Figuren wird besonders deutlich an den Ecken des Frieses, wo Arme, Beine, Gewandteile und Schlangenleiber die Linie des Reliefgrundes weit überschreiten wie etwa der linke Fuß der Semele am Südrisalit *(Abb. 38)* oder die Gliedmaßen des Hekategegners am Ostfries *(Abb. 29)*. Dieser Reliefabschnitt zeigt auch, daß der untere Ansatz des Gesimses als Begrenzung der Darstellung nicht verbindlich ist – er wird von den Köpfen meist überschnitten. Gleiches gilt für die Vorderkante der obersten Sockelstufe: der Fuß des Nereus beispielsweise ragte über sie. hinaus. Der Reliefgrund des großen Frieses ist also in viel stärkerem Maß die Außengrenze des Architekturkörpers als ein Element, aus dem heraus die Aktionen der Figuren entwickelt werden. Infolgedessen tritt

46 *Gigantomachiefries, Nordseite. Keto in Begleitung eines Löwen (zum Motiv vgl. Abb. 20) und eines Wals. Rechts von ihr war vermutlich ihr Gemahl Phorkys dargestellt*

der Reliefgrund so wenig wie möglich in Erscheinung; er bleibt auf relativ kleine, verschattete Flekken beschränkt. In ununterbrochener Folge sind die Kämpfer eng aneinandergeschoben; Arme und Beine überschneiden vielfach die Körper und unterstreichen den gedrängten Eindruck des Geschehens. Die noch verbleibenden Flächen des Reliefgrunds werden dem Blick des Betrachters verstellt *(Abb. 42)*: der Gewandzipfel zwischen Doris und dem Kopf ihres Gegners, die Windungen seines Schlangenbeines zwischen ihrem unteren Gewandsaum und dem Sockel dienen ebenso dieser Absicht wie der Gewandbausch des Okeanos, der den Raum zwischen ihm und dem Schlangenbeiner füllt, oder das Rund seines Schildes, das in die Fläche gebreitet ist *(Falttafel I)*.

Damit sind in groben Zügen die Besonderheiten angesprochen, die in der wissenschaftlichen Auseinandersetzung mit dem großen Fries üblicherweise unter dem Begriff Reliefstil zusammengefaßt werden. Es wird zu fragen sein, ob diese Besonderheiten mehr sind als ein künstlerisch-ästhetisches Phänomen; zuvor steht jedoch noch die Betrachtung der letzten, der nördlichen Friesseite aus. Wegen ihrer Lückenhaftigkeit und des Mangels an Beischriften ist die Deutung einzelner Figuren bis heute unsicher geblieben, die Thematik dieses Friesteils umstritten. Für die beiden Enden des Nordfrieses gilt diese Unsicherheit allerdings nicht; erwartungsgemäß stehen sie mit den anschließenden Friesabschnitten im Westen bzw. Osten in Zusammenhang.

Beginnen wir in der rechten Ecke, so zeigen die ersten Plattenfragmente, daß sich der Kreis der Meeresgötter hier fortsetzt *(Abb. 45)*. Ein Zweigespann bäumt sich vor einem nicht erhaltenen Gegner auf; die muskulösen Leiber der Tiere sind mit Fischschuppen und Flossen versehen, am unteren Rand der Platte Wellen angedeutet. Der Lenker dieses Gespanns ist verloren, jedoch gibt ein kleines Reliefbruchstück, auf dem Reste eines Dreizacks zu erkennen sind, Auskunft über seine Identität: Es ist Poseidon, der Herr der Meere, dessen Name sich auch auf einem Gesimsfragment erhalten hat. Der auf der nördlichen Risalitstirn dargestellte Triton wird also rechts von seiner Mutter Amphitrite, links von seinem Vater Poseidon begleitet *(Falttafel II)*. Ein großer Fischkopf, der in einiger Entfernung vor dem Seepferdgespann aus dem Sockelglied des Reliefs auftaucht *(Abb. 46)*, deutet darauf hin, daß auch im weiteren Verlauf des Frieses mit der Anwesenheit von Meeresgöttern zu rechnen ist. Ihrer Benennung nähert man sich nur auf Umwegen, letztlich bleibt sie ungewiß.

VOM MEER ZUM DUNKEL: SCHICKSALS- UND RACHEGÖTTINNEN

Vor dem nördlichen Altarfundament fand sich ein Gesimsblock, der den Namen Enyo überliefert. Sie muß also am Nordfries dargestellt gewesen sein, wahrscheinlich zusammen mit ihrer Schwester Pemphredo. Diese beiden sogenannten Graien, Töchter der Keto und des Meergottes Phorkys, sind Greisinnen von Geburt mit altersgrauem Haar, die an den Ufern des Meeres wohnen. Wegen ihres hohen Alters galten sie als von mantischer* Weisheit erfüllt und kenntnisreich in den Dingen des Schicksals. Ihre Figuren sind vollständig verloren, doch dürften sie die Lücke des Frieses geschlossen haben, die links neben der an Poseidon anschließenden Plattenfolge klafft. Dort dringt eine langgewandete Göttin mit ihrer Lanze gegen einen Giganten vor; in ihrer Begleitung befindet sich ein Löwe, der einen zweiten Giganten anfällt *(Abb. 46)*. Hinter dem Rücken der Göttin richtet sich neben dem Schweif des Löwen ein geschuppter Leib auf, der vermutlich zu dem Fischkopf am unteren Reliefrand gehört. Mit guten Gründen wurde der Vorschlag gemacht, in dieser Frauengestalt Keto zu sehen, die Mutter der beiden Graien[26]. Beide Begleittiere passen zu dieser Deutung: Keto hat furchterregende – auch löwengestaltige – Ungeheuer hervorgebracht; der Fisch kann gleichermaßen auf ihren Namen (*ketos:* griech. Wal) wie auf ihre Ehe mit Phorkys hinweisen. Vielleicht war dieser Gott der Gegner des Giganten, der rechts von Keto im Ringkampf ausgehoben wird.

Mit den Graien scheint sich ein Wechsel in der Thematik des Frieses zu vollziehen: Über ihre Eltern sind sie dem Bereich des Meeres verbunden, gleichermaßen jedoch sind sie uralte Schicksalsgottheiten. Sie haben diesen Wesenszug mit den Moiren gemeinsam, die wir in der folgenden Gruppe des Nordfrieses erkennen dürfen *(Abb. 47)*. Als ›Ver-

47 Gigantomachiefries, Nordseite. Zwei Moiren im Kampf mit ihren Gegnern. Die Frauengestalt, von der sich nur der Oberkörper erhalten hat, ist wahrscheinlich eine der Erinyen

walterinnen des Schicksals‹ bemessen sie den Lebensfaden des Menschen: Klotho spinnt ihn, Lachesis läßt ihn durch ihre Finger gleiten, Atropos schließlich schneidet ihn ab.

Ob alle drei Moiren dargestellt waren, ist ebenso ungewiß wie die Frage, welche von ihnen in den beiden langgewandeten Frauen am Fries zu sehen sind; ein Gesimsfragment mit dem Namen der Klotho läßt sich nicht mehr sicher einfügen. In nahezu gleichartiger, stürmischer Bewegung gehen die Moiren gegen ihre Gegner vor. Der rechte ist durch einen von oben geführten Lanzenstoß zu Boden gestreckt, seine Hand umklammert die Senkrechte des Lanzenschaftes. Um ihrem Stoß mehr Gewicht zu verleihen, hat die Moire den linken Fuß auf die Hüfte des Sterbenden gesetzt. Der zweite, schlangenbeinige Gigant weicht vor seiner Gegnerin zurück; mit beiden Händen versucht er, den Arm

abzuwehren, mit dem sie ihn am zottigen Haar gepackt hat; sein Schlangenbein schnappt nach ihrem anderen Arm.

Das Kampfgeschehen setzt sich mit einer Göttin fort, von der nur der Oberkörper und ein Rest ihres linken Fußes auf der Platte der linken Moire erhalten ist. Sie trägt ebenfalls ein langes Gewand und führt Pfeil und Bogen als Bewaffnung. Einer unmittelbaren Bedrohung kann sie nicht ausgesetzt sein, denn sie hat sich umgewandt, um den Kampf der Moiren zu verfolgen. Die anschließende Figur muß also zur Götterpartei gehört haben; von ihrer Anwesenheit zeugt nur noch der Rest ihrer lanzenartigen Waffe auf der Platte oberhalb der Jägerin. Auf eine größere Lücke folgt eine Göttin, die ihrem Gegner mit der Linken den schützenden Schild entreißt, um mit der anderen Hand ein schlangen-

48 *Gigantomachiefries, Nordseite. Die Schlangentopfwerferin – eine Erinye, häufig auch als Nachtgöttin Nyx gedeutet. Der Gott mit dem Schild am linken Bildrand könnte Polemos sein, der personifizierte Krieg*

umwundenes Gefäß gegen ihn zu schleudern *(Abb. 48)*. Vor kurzem wurde ein Vorschlag gemacht, wie diese Lücke zu schließen sei und die sie flankierenden Gestalten gedeutet werden könnten[27]. Die Schlangentopfwerferin – meist als Nyx, als Göttin der Nacht, bezeichnet – dürfte eine der Erinyen sein, für die diese Kampfesweise überliefert ist: Sie pflegten ihre Opfer so in den Wahnsinn zu treiben. Der Schlangenleib über ihr gehört zu einem nicht erhaltenen Giganten, der von der zweiten, ebenfalls verlorenen Erinye mit einem stacheligen Stab, dem Kentron, attackiert wird; sein Schaft reicht bis hinter die Jägerin, in der dann die dritte Erinye zu sehen ist.

Die Erinyen sind die Rachegöttinnen der griechischen Mythologie; unerbittlich verfolgen sie jeden, der sich gegen die Prinzipien der sittlichen Ordnung vergangen hat – den Mörder, den Eidbrüchigen, den Menschen, der die Gesetze der Gastfreundschaft verletzt. Ist die Deutung der drei Göttinnen auf diese Unterweltsgestalten zutreffend, so erklärt sich das Nebeneinander von Graien, Moiren und Erinyen am ehesten aus einer Eigenschaft oder Aufgabe, die ihnen gemeinsam ist: sie sind sämtlich mit dem Lauf des Schicksals vertraut oder befaßt – »Hüterinnen der Weltordnung«[28].

OFFENE FRAGEN: DIE SIPPE UM DEN KRIEGSGOTT

Gänzlich unsicher ist die Benennung der folgenden, in der linken Nordfrieshälfte dargestellten Götter *(Falttafel II)* und der Zusammenhang mit dem mittleren Friesabschnitt, dessen Thema mit dem Begriff ›Schicksals- und Rachegöttinnen‹ bezeichnet werden kann. Von der Interpretation der Schlangentopfwerferin als Nachtgöttin Nyx ausgehend, sah man in ihnen Gestirns- und Lichtgottheiten[29], doch spricht deren Anwesenheit im Südfries eher gegen eine solche Annahme. Andere Forscher wollten in

dieser Gestalt Persephone, die Gemahlin des Unterweltsherrschers Hades, erkennen und deuteten die benachbarten Gestalten als chthonische* Unterweltsgötter[30].

Eine dritte Interpretation schließlich geht von einer Verbindung zu den namentlich gesicherten Göttinnen am linken Friesende aus; dort setzt sich der Kreis der Olympier, der im Ostfries mit Ares endet, in Gestalt seiner Gattin Aphrodite auf den Nordfries fort *(Abb. 49)*. Den Schild in der Linken, hat sie ihren Gegner mit einem Lanzenstoß getötet und ist dabei, die Lanze aus dem rücklings Gestürzten herauszuziehen; sie tritt zu diesem Zweck mit einem ihrer sandalenbekleideten Füße auf den Kopf des Giganten. Die Darstellung der Liebesgöttin am großen Fries orientiert sich deutlich an einem klassischen Vorbild von der Athener Akropolis *(Abb. 50)*: Die Balustradenreliefs des kleinen Athena-

49 *Gigantomachiefries, Nordseite. Aphrodite zieht ihre Lanze aus einem Getöteten. Rechts ihre Mutter Dione im Kampf mit einem geflügelten Giganten; über ihm schwebt der kleine Eros, der Sohn Aphrodites*

Nike-Tempels (Athena Nike: die siegreiche Athena) zeigen eine geflügelte Siegesgöttin in ganz ähnlicher Haltung, die einen Opferstier bändigt. Der Aphrodite ist ihr Söhnchen Eros zugesellt, das rechts über ihr am oberen Reliefrand fliegt und von einem Schlangenbein bedroht wird. Es gehört zu einem geflügelten Giganten; seine erhobenen Arme lassen vermuten, daß er einen Felsbrocken über dem Kopf stemmte, um ihn gegen Dione, die Mutter Aphrodites, zu schleudern, die rechts neben ihm dargestellt ist. Dieser Teil des Nordfrieses wird also augenscheinlich von Olympiern bevölkert, die auf die eine oder andere Weise dem Kreis um den Schlachtengott Ares angehören; ihr kriegerischer Charakter wird dadurch unterstrichen, daß auch Aphrodite ebenso wie ihr Gemahl einen Schild führt. Auffallend ist nun, daß dieses Attribut, mit dem im großen Fries zwar viele Giganten, aber nur wenige Götter versehen sind, gleich bei dreien der fünf nicht sicher benennbaren Götter zwischen Dione und der schlangentopfwerfenden Erinye auftaucht[31]. In unmittelbarer Nachbarschaft zur Sippe des Kriegsgottes Ares könnte dies als Hinweis auf die Zugehörigkeit dieser Kämpfer zu den Olympiern gelten.

Die an Dione anschließende Gruppe *(Abb. 51)*

50 *Athen, Balustradenrelief vom Athena-Nike-Tempel. Die linke Göttin hat die Darstellung der Aphrodite am pergamenischen Gigantomachiefries beeinflußt. 411/07 v. Chr.; Athen, Akropolismuseum*

51 *Gigantomachiefries, Nordseite. Die Dioskuren (?) und der Aressohn Phobos (?), der einen Baumstamm als Waffe schwingt*

wurde folglich auch als Darstellung der Dioskuren, der Zwillingssöhne des Zeus, angesehen; ihre Teilnahme an der Gigantomachie ist von anderen bildlichen Wiedergaben bekannt. Polydeukes, der ältere der beiden, eilt mit weit ausgreifendem Schritt seinem Bruder Kastor zu Hilfe, der sich in schwieriger Lage befindet: Ein Gigant hat ihn mit kräftigem Ringergriff umschlungen und seine Zähne in dessen linken Arm geschlagen; zusätzlich muß er sich eines Schlangenbeines seines Gegners erwehren, das seinen Kopf bedroht. Die nachteilige Situation Kastors ist damit zu erklären, daß er der Sterbliche ist, während Polydeukes zum Kreis der Unsterblichen gehört.

Die Gestalt rechts des Beißers führt einen mächtigen Hieb gegen einen Giganten, der in Rückansicht dargestellt ist; ein herrenloser Helm zwischen dessen Füßen gehörte einem weiteren Giganten, der

52 *Gigantomachiefries, Nordseite. Eris (?), die Göttin der Zwietracht, und Polemos (?), der personifizierte Krieg*

erschlagen am Boden liegt. Beide Hände des Gottes haben das Ende eines Baumstammes gepackt, dessen Gabel vor dem Oberkörper seines Gegners erkennbar ist. Um seine Schultern liegt ein Löwenfell; zwei seiner Tatzen sind über dem Schild der Beißergruppe zu sehen. Eines Schildes bedarf dieser Kämpfer nicht, der wegen seiner urtümlichen Kampfesweise und des Löwenfells als Phobos (griech.: Schrecken), der Sohn des Ares, gedeutet worden ist.

Sein Gegner nimmt keine Notiz von einem zusammenbrechenden Giganten, der in einer hilfeheischenden Geste seine Rechte zu ihm emporstreckt *(Abb. 52)*. Eine geflügelte Göttin rammt ihm von oben ihr Schwert in die Brust; um besser zustechen zu können, hat sie seinen Kopf an den Haaren zurückgerissen. Es könnte sich um Eris handeln, die Göttin der Zwietracht und Zwillingsschwester des

Ares; bei Homer stürzt sie sich gemeinsam mit ihrem Bruder, dessen Söhnen Phobos und Deimos sowie Athena ins Kampfgetümmel. Der mit einem Rundschild ausgerüstete Gott schließlich, der gegen den gepanzerten Giganten im Rücken der Schlangentopfwerferin vorgeht, hat einen zweiten Gegner bereits überwunden; es mag Polemos sein, der personifizierte Krieg.
Ob in diesem Teil des Frieses die dunkelsten Kriegsgestalten – Polemos und Phobos – den Kreis um Ares abschließen und gemeinsam mit der streitbaren Eris zu den dunklen Rache- und Schicksalsgöttinnen des mittleren Friesabschnitts überleiten, sei dahingestellt. Aber wie auch immer sie gedeutet werden: Es kann kein Zweifel daran bestehen, daß auch sie sich sinnvoll in das komplex organisierte Bildsystem einordnen, als das der große Fries nach seinen sicher interpretierbaren Teilen gelten muß.

WERK UND BETRACHTER: HERRSCHAFTSWISSEN UND IRRITIERENDE FORM

> »Die Eingeweihten, die Spezialisten sprachen von Kunst, sie priesen die Harmonie der Bewegung, das Ineinandergreifen der Gesten, die andern aber, die nicht einmal den Begriff der Bildung kannten, starrten verstohlen in die aufgerissnen Rachen, spürten den Schlag der Pranke im eignen Fleisch.«
> Peter Weiss, *Die Ästhetik des Widerstands*

Versuchen wir, die Grundzüge der Konzeption zusammenzufassen, indem wir uns vorstellen, sie wäre in einer Art Ausschreibungstext umrissen worden. Dieser Text hätte mit einiger Sicherheit die folgenden Anforderungen an die Auftragnehmer enthalten:

- Anders als ältere Gigantomachien soll die Darstellung dem kosmischen, umfassenden Charakter des Gigantenkampfes Rechnung tragen; dementsprechend ist die Aufnahme neuer Götter in den Kreis der Kämpfenden erforderlich;

– die Götter sollen nach Möglichkeit in Sippen und verwandtschaftlichen Verbänden kämpfen, die Grenzen zwischen diesen Sippen fließend, die Übergänge bruchlos und doch auf den Bau abgestimmt sein;
– die Darstellung soll Zitate aus der griechischen Kunst der Klassik enthalten; wenn möglich, soll über die künstlerische Ebene hinaus eine inhaltliche Verbindung zu den Attaliden hergestellt werden;
– bei bestimmten Göttern sind die kult- und religionspolitischen Besonderheiten des pergamenischen Reiches und seiner Dynastie zu berücksichtigen.

Um ein solches Bündel an Vorgaben in sinnvoller Weise miteinander zu verknüpfen, bedurfte es detaillierter Vorarbeiten. Der große Fries *(Falttafel II)* ist ohne ein »schriftlich fixiertes Programm«[32], das von den Gelehrten am pergamenischen Hof entwikkelt wurde, nicht denkbar; Anordnung und Abfolge der einzelnen Figuren und Szenen waren bis ins kleinste festgelegt, bevor die beteiligten Werkstätten und Künstler mit ihrer bildhauerischen Arbeit begannen[33].

Man hat viel darüber spekuliert, ob bei der Auswahl und Gruppierung der Gestalten literarische Vorlagen Pate standen. Gewiß wurden ältere Werke zu Rate gezogen – etwa die Theogonie des archaischen Dichters Hesiod, der die Entstehung der Welt und der Göttergeschlechter beschreibt, oder die sog. Bibliothek, ein mythologisches Handbuch, das dem Schriftsteller Apollodor zugeschrieben wird. Doch dürften alle Versuche, den großen Fries aus einer einzigen Vorlage dieser Art abzuleiten und zu deuten, als gescheitert gelten. Viel wahrscheinlicher ist es, daß ein unbekannter Schriftsteller am pergamenischen Hof – mit den Zettelkästen der höfischen Philologen versehen – ein großes Epos schuf, das gewissermaßen als literarischer Kommentar der Darstellung fungierte; eine panegyrische* Dichtung dieser Art dürfte manch weitere Anspielung auf das

Herrscherhaus verdeutlicht haben, die der Fries enthalten mag und die uns unbekannt ist.

Wir berühren damit die zentrale Frage – die der Verständlichkeit des Bildprogramms und seiner Wirkung auf den zeitgenössischen Betrachter.

Das Kompositionsprinzip des großen Frieses ist offenbar dadurch bestimmt, daß die vier Seiten des Altars in einer mehr oder weniger symmetrischen Beziehung zueinander stehen[34]: Der Kreis der olympischen Götter, die auf der Ostseite kämpfen, greift auf die ersten Meter des Nord- und Südfrieses über; den zentralen Teil des Südfrieses nehmen die Tages- und Nachtgötter ein, den entsprechenden Abschnitt des Nordfrieses die Schicksals- und Rachegöttinnen. Der symmetrische Bezug wird besonders deutlich an den beiden Risaliten, an denen die Meeresgötter einerseits, die östlichen Götter andererseits etwa gleich weit auf die anschließende nördliche bzw. südliche Friesseite hinüberreichen. Dies war für den Betrachter allerdings nicht direkt nachvollziehbar, es sei denn, er hätte einen Grundriß des Altars mit den entsprechenden Erläuterungen zur Hand gehabt. M. Pfanner hat diesen Umstand mit den Worten charakterisiert: »Der Betrachter konnte den Fries erst dann richtig würdigen und verstehen, wenn er sich das Wissen darum theoretisch angeeignet hatte«[35]. Damit dürfte zumindest eine mögliche Zielgruppe angesprochen sein, der die aufwendige Darstellung des großen Frieses galt: Betrachter, die im Kreis der Auftraggeber verkehrten, Künstler und Wissenschaftler, aber auch etwa fremde Diplomaten, die am pergamenischen Hof ein und aus gingen. Sie waren es, die als Angehörige der herrschenden Schicht die entsprechende Bildung mitbrachten, um das ausgeklügelte Nebeneinander von bestimmten Figuren und deren feinsinnige Kombinationen zu verstehen; mit ihrem Wissensfundus konnten sie sich der Ausdeutung der mythologischen Gestalten widmen, die politischen Anspielungen begreifen; sie waren entsprechend weit herumgekommen, um die künstlerischen Vorbilder zu kennen, die hinter bestimmten Szenen und Figuren stehen. Es gehörte zu den Gepflogenheiten der hellenistischen Herrscher, Künstler und Wissenschaftler aller Richtungen am Hof zu versammeln; die bekannteste ›Denkfabrik‹ dieser Art war das Museion in Alexandria, das unseren Museen seinen Namen gegeben hat. Zwischen den Metropolen herrschte harte Konkurrenz – antike Anekdoten berichten von Abwerbungsversuchen, die mit klingender Münze ausgetragen wurden. Die Prinzenerziehung lag in den Händen von Philosophen; Astronomen, Geographen und Mathematiker führten naturwissenschaftliche Studien durch. Die philologische Disziplin entstand ebenso in dieser Zeit wie die Kunsttheorie; Schwächen und Stärken alter Werke und berühmter Künstler wurden abgewogen, erste Systematisierungsversuche unternommen. Die Attaliden besaßen eine Kunstsammlung, die teils aus Kriegsbeute stammte, teils durch Kauf erworben war; somit gab es Anschauungsmaterial für bildende Künstler am Hof. Daneben wuchs das Interesse an Reiseliteratur: der Schriftsteller Polemon, der mit dem pergamenischen Herrscherhaus verbunden war, schrieb ein vierbändiges Werk über die Sehenswürdigkeiten der Akropolis, ihre Bauten, Standbilder, Inschriften und Gemälde.

So vermittelten die Reliefs auch einen Eindruck von der Leistungsfähigkeit dieses Wissenschaftsbetriebes; der Detailreichtum der Darstellung und die Entwicklung neuer Figurentypen mit Hilfe philologischer Studien, aber auch die Kunstzitate, von denen hier nur die bekanntesten erwähnt werden, sind Ausdruck einer in den Dienst der Herrscher gestellten Gelehrsamkeit. Daraus ergibt sich ein Gedankensystem, dessen Struktur und Verästelungen die Auftraggeber einschränkungslos beherrschten. Und wie die Auftraggeber in der Lage waren, dieses Gedankensystem bildlich umsetzen zu lassen, so waren gebildete Betrachter fähig, es gedanklich nachzuvollziehen. Damit sicherten sie sich aber auch selbst die Teilhabe an einem Stück Herrschaftswissen: Thema und Form des großen Frieses zeugen von einer Souveränität, die über die perfekte Handhabung des mythologischen und künstlerischen Stoffes hinausreicht; die Perfektion des Monuments steht für den Vollkommenheitsanspruch des Herrschaftssystems.

Doch wird es auch Besucher gegeben haben, denen diese Art der Betrachtung fremd blieb: solche, die im Friesband nur eine Gigantomachie mit deren wichtigsten Göttergestalten erkannten, mit den genealogischen, mythologischen und künstlerischen Feinheiten der Darstellung jedoch nur wenig anzufangen wußten. Konnte für diese Adressatengruppe nicht der Reliefstil *selbst* die Funktion einer inhaltlichen Aussage übernehmen? Die Lösung der Figuren vom Reliefgrund, das trotz der großen Länge des Frieses gedrängte Nebeneinander der Kämpfer, das die Intensität der Auseinandersetzung unterstreicht, die Giganten, die die reale Architektur in die Handlung einbeziehen, indem sie die Treppe hinaufstürmen – all dies verdichtet sich zu einem Geschehen, das auf den Betrachter geradezu bedrohlich wirken mußte, denn es scheint die Grenze zwischen Darstellung und Wirklichkeit in Frage zu stellen. Dem Betrachter, der ohne Wissen auskommen muß, läßt der Fries keinen Raum für ein distanziertes Schauen. Die Bedrohung ist akut, der Gegner kalt und fremd, er ruft Urängste wach: damals wie heute konnten Schlangenbeiner kaum mit viel Sympathie rechnen.

In diesem Kontext ist die Frage nach dem Aufbau und den Feinheiten des Frieses zweitrangig – die angemessene Betrachtungsweise ist sprunghaft wie die Friesbeschreibung, die Peter Weiss in der *Ästhetik des Widerstands* gibt. Die Darstellung selbst hält die Mittel dazu bereit: Immer wieder wird das Auge des Betrachters ins Detail geführt, auf die verschiedene Stofflichkeit der Gewänder, die Schnürung und Verzierung von Schuhwerk, den unterschiedlichen Charakter von Schlangenleibern, Federn, Metall und Fischschuppen[36] *(Abb. 53, 54)*. Detail-

53 *Detailakribie: die Sandale der Aphrodite auf dem Kopf ihres Gegners*

54 *Unterschiedliche Stofflichkeit: der Hund der Artemis und ein Gigant*

genauigkeit und Füllung des Reliefgrundes erschweren die Erkennbarkeit der Friesgliederung; gleichzeitig bezeugen sie, wie souverän die beauftragten Künstler sowohl das Material wie auch den vorgegebenen Rahmen der Darstellung beherrschten. Fähigkeiten und Mittel der Attalidendynastie werden dadurch eindrucksvoll bestätigt. Schlägt man von diesem Aspekt einen Bogen zurück zum bedrohlichen Charakter der Darstellung, sind dann nicht Reliefstil und Thema als Appell zu verstehen, die historischen Leistungen des Herrscherhauses anzuerkennen, die Zwangsläufigkeit ihres Erfolges zu akzeptieren und sich in den Schutz des naturgemäß Stärkeren zu begeben, der kraft seines Wissens die Dinge im Griff hat?

55 *Das Kampfgetümmel bleibt zurück: Blick aus der Eingangshalle der Altarplattform auf die Treppe*

Der suggestive Zug, der die Gestaltung des großen Frieses, ja die Gesamtkonzeption des Altars bestimmt, tritt noch deutlicher zutage, wenn ihm der zweite, kleinere Fries vergleichend zur Seite gestellt

wird: er wirkt in jeder Hinsicht wie dessen Gegenbild. Dieser Fries, der das Leben des Heraklessohnes Telephos – des sagenhaften Gründerheros von Pergamon – schildert, ist nur sehr lückenhaft erhalten, die Anordnung und Deutung einzelner Szenen häufig nicht sicher[37]. Deshalb sollen hier nur die strukturellen Unterschiede zwischen beiden Friesen verdeutlicht werden. Versetzen wir uns dazu nochmals in die Lage des antiken Betrachters: die architektonischen Vorgaben des Altars legten seine Rezeptionsweise eindeutig fest – er mußte erst große Teile des Gigantomachiefrieses abschreiten, bevor

56 *Telephosfries. Ein Boot wird gebaut, in dem die Königstochter Auge ausgesetzt werden soll. In stärkerem Maße als beim Gigantomachiefries sind die Figuren in den Reliefgrund eingebunden*

57 Telephosfries. Herakles findet seinen Sohn Telephos, der von einer Löwin gesäugt wird. Landschaft wird durch die Felsen und den Baum angedeutet. Die Gestalt des Herakles ähnelt Figurentypen auf attischen Grabreliefs, die um 330 v. Chr. entstanden sind

er den Telephosfries zu Gesicht bekam. Stieg er die Stufen zum Altarhof hinauf, so blieb das bedrohliche Getümmel des Gigantenkampfes, das die Treppenwangen emporbrandet, allmählich unter ihm zurück *(Abb. 55)*. Nachdem er die Säulenstellung über der Treppe durchschritten hatte, sah er sich einem Reliefzyklus gegenüber, dessen Andersartigkeit selbst ohne Kenntnis des dargestellten Themas und der Personen sofort ins Auge fällt: die gedrängte Fülle des großen Frieses ist hier zugunsten einer ruhigen Szenenfolge aufgegeben, die der Intimität des Anbringungsortes Rechnung trägt; sie schmückt die Innenwände des Altarhofs, die diesen gegen die Außenwelt abgrenzen. Die Figuren des Telephosfrieses sind tiefenräumlich gestaffelt und in erheblich stärkerem Maß als bei der Gigantomachie in den Reliefgrund eingebunden; Bäume, Felsen und Architekturangaben definieren jeweils den Ort der Handlung; an vielen Stellen der Darstellung, besonders in ihrem oberen Drittel, wird der Blick des Betrachters auf den Reliefgrund freigegeben *(Abb. 56, 58)*. Manche Gestalten des kleinen Frieses lassen ältere Vorbilder erkennen, diese entstammen bezeichnenderweise aber meist nicht dem Bereich der Monumentalkunst wie am Gigantomachiefries *(Abb. 57)*. Wir finden sie etwa bei spätklassischen Grabreliefs, einer Gattung mit privatem Charakter also, die auf kleinem Raum wenige Figuren zu einer in sich geschlossenen Szene vereint.

Erneut wird hieraus ersichtlich, wie eng Form und Inhalt am Pergamonaltar miteinander korrespondieren: die stilistischen Gegensätze der beiden Friese gehen Hand in Hand mit ihren unterschied-

58 *Telephosfries. König Teuthras führt Auge als Braut zu Telephos. Der Ort der Handlung wird durch das Standbild der Athena links neben der Braut und durch das Ruhebett festgelegt, von dem noch ein reich geschmücktes Bein am rechten Reliefrand erkennbar ist*

lichen Aussagen. Der Gigantenkampf ist eine Handlungseinheit, ein einziges packendes Ereignis, der Telephosfries hingegen eine Bildergeschichte, ein Zyklus. Und während dort, in diesem alles entscheidenden Kampf der Götter gegen die Giganten, sogar der Ablauf der Zeit bedroht ist, wird hier in aller Ruhe das Leben des Helden erzählt – gewissermaßen von der Wiege bis zum Grab.

So weist innerhalb des größeren Ganzen der eine Fries dem anderen den inhaltlichen Standort zu, wobei Außen und Innen, Oben und Unten, Gedrängtheit und Weite, Realität der Gigantomachie und Realität des Betrachters als strukturale Gegensatzpaare organisiert sind. Der Sinn, der hinter der drangvollen Unruhe des großen Frieses und seiner absichtsvollen Bedrohlichkeit steht, erschließt sich dem Betrachter erst völlig, wenn er die malerische Szenenfolge des Telephosfrieses dagegenhält. Umgekehrt wirkt das gelassene Gleichmaß, mit dem sich die Episoden aus dem Leben des Helden aneinanderreihen, vor dem Geschehen des Gigantomachiefrieses geradezu provokant: den Göttern ist die Rolle zugedacht, ihren Entscheidungskampf um den Bestand der Weltordnung – hier zum Wohl der Dynastie – sozusagen draußen vor der Tür auszufechten; ihr Sieg, der überdies nur durch Herakles, den Ahnherrn der Attaliden, ermöglicht wird, bildet im konkreten wie im übertragenen Sinn das Fundament für die ungestörte Entfaltung einer Biographie in der ruhigen Abgeschlossenheit des Altarhofs. An ihrem Anfang steht wiederum Herakles, womit sich der Kreis schließt: kaum ein anderes uns erhaltenes Monument der griechischen Kunst kann so nachhaltig wie der Pergamonaltar belegen, mit welcher Sorgfalt eine selbstbewußte Dynastie zu Werke ging, wenn es galt, Mythen für ihre Repräsentationsbedürfnisse und ihre politischen Botschaften zu verwerten.

FASCHISTISCHE ANEIGNUNG: DER VERSTEINERTE ALTAR

> »Was für eine Freude ist es, in Moderan zu sein, weg von dem geistigen Wirrwarr des moralischen Wissens und dem schweren, im Sand schleifenden Anker des Gewissens.«
> David R. Bunch, *Festung Zehn*

Macht man sich die Intentionen zu eigen, die die Erbauer des Pergamonaltars hatten, und zieht man die zeitgebundenen Botschaften ab, so bleibt ein Denkmal übrig, das den Sieg des Guten über das prototypisch Böse verherrlicht, den Ewigkeitsanspruch einer politischen Ordnung propagiert und den Betrachter durch seine gestalterischen Mittel auf diese Vorstellungen einzuschwören sucht. Beide Aspekte – der ideologische wie der künstlerisch-formale – mußten, auf ihre Grundsubstanz reduziert, den Verwertungsinteressen totalitärer Systeme entgegenkommen. Es kann daher nicht verwundern, daß Strukturelemente des Pergamonaltars Einzug in die Monumentalarchitektur des faschistischen Deutschland fanden – in hypertropher Übersteigerung.

Grundidee und Baugedanke des Altars scheinen in der sog. Soldatenhalle aufgenommen worden zu sein, die Wilhelm Kreis – neben Speer einer der führenden Architekten des NS-Regimes – 1937/38 im Rahmen der megalomanen Neugestaltung der Reichshauptstadt Berlin entwarf[38] *(Abb. 59)*. Als Annex zum Oberkommando des Heeres geplant, stand sie schon von ihrer Zweckbestimmung her im Gegensatz zu diesem Gebäudekomplex mit seinem ›praktischen‹ Gebrauchswert als militärisches Verwaltungszentrum; von der Funktion des Pergamonaltars hingegen war sie nicht weit entfernt: die Soldatenhalle sollte Denkmal sein, »dem Gedächtnis der großen Soldaten der deutschen Geschichte und dieses Krieges geweiht«[39]. Memorie, »Symbol von Ewigkeitswert«[40], von Sachzwecken freie Kult-

59 *Berlin, Oberkommando des Heeres, Soldatenhalle. Entwurf W. Kreis 1937/38. Modellfoto*

und Weihestätte – mit entsprechenden Prädikaten ließe sich auch der Pergamonaltar belegen.
Folgerichtig – und für das Verständnis des antiken Monuments durch Kreis bezeichnend – greift die Soldatenhalle hauptsächlich das architektonische Grundmuster des Altars auf: es kam auf monumentale Wirkung nach außen an, und diese ließ sich, in übermenschliche Dimensionen umgesetzt, am ehesten mit den dort zu Gebote stehenden Architekturmotiven erzielen. So übernimmt die Soldatenhalle die risalitartigen Seitenflügel; sie besitzt eine große, hier allerdings dreiseitig angelegte Treppe, die den Bau über das Niveau des Platzes hinaushebt. An die Stelle der Säulen sind einfache bzw. Doppelpilaster* getreten. Die beiden Reliefs an den Stirnseiten der Risalite dürften ebenfalls vom Pergamonaltar beeinflußt sein. Selbst die im Vergleich mit dem Altar verhältnismäßig geringere Tiefe der Soldatenhalle läßt sich aus der – allerdings modernen – Außenwirkung des Altarbaus erklären: sie entspricht dem fassadenhaften Erscheinungsbild, das seine rekonstruierte Westfront dem Besucher des Pergamonmuseums bietet.
Abgesehen von einzelnen Abweichungen im Gesamtbild – geringere Risalithöhe, bastionsartige

Ecktürme zwischen Risalit und Querbau und ähnliches mehr – hat die architektonische Struktur des antiken Vorbilds im Kreis-Entwurf einen Transformationsprozeß durchlaufen, der die Soldatenhalle wie ein versteinertes Derivat des Pergamonaltars, wie sein brutalisiertes Gegenstück erscheinen läßt.

Die schlichte, ungegliederte Plattenfolge, die am Altar unter dem Gigantomachiefries sitzt, ist hier durch eine geböschte Sockelzone aus wuchtigen Rustikaquadern* ersetzt. Die weite Säulenstellung des Altars, ihre optische und reale Durchlässigkeit entsprach der Absicht, den Betrachter ins Innere des Baus zu führen – an ihre Stelle tritt bei der Soldatenhalle abweisende Geschlossenheit, die der düsteren Sepulkralsymbolik faschistischer Ehrenmäler allgemein, dem Sinn dieses Baus im besonderen Rechnung trägt: Aus dem unter freiem Himmel gelegenen Innenhof des Pergamonaltars ist eine überwölbte Halle mit Krypta geworden, in der die militärischen Leitfiguren der deutschen Vergangenheit und der faschistischen Zukunft ihre letzte Ruhe finden sollten. Die immerhin fast fünf Meter breiten Durchlässe zwischen den gigantischen Doppelpilastern der Front nehmen sich wie schmale Schlitze aus, wie Gitterwerk wirkt die entsprechende Gliederung der Risalite. Der Verzicht auf Kleinteiligkeit, der kantige Pfeiler anstelle des ornamentierten Säulenrunds verstärkt den monolithischen Eindruck des Baus. Die beiden Reliefs an den Risalitstirnen sind ebenso wie der Adler in der Hauptachse des Gebäudes zu emblematischem Zierat verkümmert, der dem Bau nur aufgesetzt ist. Trotz ihrer gewaltigen Abmessungen – sechs Meter Höhe, achtzehn Meter Breite – wirken die Reliefs, die Arno Breker entworfen hat, winzig angesichts der Gesamtlänge der Soldatenhalle von rund 250 Metern. Die Unterdrückung von plastischem Schmuck ist folgerichtig: In einer auf totale Disziplinierung des Betrachters ausgerichteten Architektur, die Monumentalität mit baulichem Volumen gleichsetzt und sich einer asketischen Formensprache bedient, muß die Baumasse selbst beeindrucken. Die enge formale und inhaltliche Beziehung zwischen Bau und Reliefdarstellung, wie sie am Pergamonaltar zu beobachten ist, muß dieser Architektur fremd sein. Der an den Reliefs der Risalite dargestellte ›Auszug der Krieger‹ reiht sich zwar in die militärische Gesamtthematik der Anlage ein, seine Botschaft bleibt aber auf das Plakative beschränkt: auf den Appell an die Kampfbereitschaft, auf die Erinnerung an alte und das Versprechen neuer Kriege. Wie in etlichen anderen Reliefs Brekers mit kämpferischem Inhalt[41] wird dabei die Darstellung einer Konfliktsituation vermieden. Heroisch nackt, fahnenschwenkend und siegessicher kommen die Krieger daher: das ästhetische Vokabular der Reliefs ist der Aussage der Architektur angepaßt.

»RÜCKBLICK NACH VORN«[42]: DER PERGAMONALTAR IN DER ÄSTHETIK DES WIDERSTANDS

> »Plötzlich, in der Konfrontation mit diesem Fries, verknüpfte sich vieles miteinander; in einem Konglomerat von Eindrücken und Ideen wurde das Thema ganz weit und bestand nicht mehr allein aus jenem konkreten politischen Kampf. Dieser Eindruck eines Getümmels von Kräften, die unten sind, und die, die oben sind, die erdgebundenen und die göttlichen, erzeugte ein Bild vom ewigen Klassenkampf, das plötzlich sehr, sehr eindringlich wurde.«
>
> Peter Weiss in einem Gespräch mit Burkhardt Lindner

Auf den vorangegangenen Seiten war die Betrachtung des Pergamonaltars den Absichten seiner Erbauer gefolgt, den Verwertungsinteressen des Kaiserreichs und denen des Faschismus. Indem aber beispielsweise das Gliederungsprinzip des Gigantomachiefrieses zum Prinzip der Darstellung wurde, haben wir uns zumindest ein Stück weit auf die Intentionen des Monuments eingelassen – wir haben das gesehen, was wir sehen *sollten*, und damit indirekt die Wirksamkeit dieser Absichten bis in die Gegenwart bestätigt.

Gänzlich andere Wege gehen die Romanfiguren von Peter Weiss in den ersten Abschnitten der *Ästhetik des Widerstands*, deren Bedeutung für eine handlungsbezogene Kunstbetrachtung hier nur angedeutet werden kann. Im September 1937 – im gleichen Moment sozusagen, in dem Wilhelm Kreis den Pergamonaltar als Präfiguration faschistischer Kultbauten auffaßt und in diesem Sinne modifiziert – stehen sie vor den Reliefs des großen Frieses und eignen sich ihrerseits dessen Darstellung an: der Ich-Erzähler, der Proletarier Coppi und Heilmann, der gebildete Intellektuelle, die beiden letztgenannten Mitglieder der *Roten Kapelle*, alle drei um die zwanzig und verbunden in der gemeinsamen Aufgabe des antifaschistischen Kampfes. Ihrer Lebenssituation entsprechend, begreifen sie Kunst und

Kultur im Rahmen ihres politischen Handelns; ihre Sicht ist die des 1933 unterlegenen Proletariats. Angesichts der »schwarz und braun Uniformierten«[43] im Museum weist das Massaker des Frieses für diese drei Menschen über sich selbst hinaus auf jetziges Leiden, auf andere, künftige Massaker hin. Für sie gilt es hier, die der Kunst zugewiesene Funktion, Kunst der Herrschenden zu sein, zugunsten einer Aneignung von unten, einer den Unterdrückten nutzbaren Interpretation zu überwinden. Der Altar wird daher von Weiss aus dem Status des scheinbar Endgültigen, des fertigen Produkts in einen vielschichtigen Prozeß überführt, der die Auftraggeber, ihre Ziele, die gesellschaftlichen Verhältnisse, die Entstehungsbedingungen des Kunstwerks, seine Geschichte durch die Jahrtausende ebenso umfaßt wie den Betrachter und dessen Gegenwart. Das Kunstwerk hat im Roman das Zentrum der Darstellung verlassen; an seine Stelle tritt die Reflexion im Gespräch, der von ihm ausgehende Impuls.

Mit der ersten Zeile sieht sich der Leser dem unmittelbar sinnlichen Eindruck des Frieses ausgesetzt; der gedrängten Fülle der Figuren entspricht die Gedrängtheit der Friesbeschreibung, die mit der Beschreibung der Betrachtersituation kaum unterscheidbar verzahnt ist. Ohne nach der Systematik des Friesaufbaus zu fragen, springt das Auge von einem Detail zum nächsten, wechselt unvermittelt von einer Friesseite zur anderen; der zersplitterte Erhaltungszustand geht als sprachlicher Wert, als jüngster einer Vielzahl von geschichtlichen Jahresringen in die Beschreibung ein: »Ein riesiges Ringen, auftauchend aus der grauen Wand, zurücksinkend zur Formlosigkeit. Eine Hand, aus dem rauhen Grund gestreckt, zum Griff bereit, über leere Fläche hin mit der Schulter verbunden ...«[44]. Die Gegenwart wird auch in den ersten Deutungen der Figuren und historischen Überlegungen beibehalten – sie äußert sich in der Parteinahme der Betrachter, die vor der Erdmutter Ge feststellen: »Dies war unser Geschlecht«[45]; Herakles erscheint ihnen als »unsresgleichen«[46]. Im Heraklesmotiv, das den Roman durchzieht, wird der selbstbewußte Umgang des *Subjekts* mit dem Kunstwerk besonders deutlich: Ihr Herakles ist nicht mehr nur der der Attaliden, sondern der Sterbliche, der sich »weg vom Privileg eines Bündnisses mit dem Olymp auf die Seite des Irdischen«[47] gestellt hatte; seine Gestalt am Fries ist zerstört, so daß sich die drei »nun selbst ein Bild dieses Fürsprechers des Handelns zu machen hatten«[48].

Die Aneignung des Frieses verharrt somit nicht auf einer Analogiebildung zwischen damaligen und heutigen Antagonismen, sie »kommt einer umwertenden Neuschöpfung gleich; sie wird selbst zur künstlerischen Arbeit«[49]. Daß diese Neuschöpfung keinesfalls schlichte Revision des Vorgegebenen, tendenziöse Uminterpretation bedeutet, zeigt das Gespräch über den Altar, über seine Geschichte und die Geschichte Pergamons, das sich in einer Berliner Arbeiterwohnung fortsetzt. Die dort angestellten Überlegungen und Reflexionen ordnen die Masse der im Kunstwerk vergegenständlichten Erfahrungen und durch das Kunstwerk verfügbaren Informationen insofern neu, als sie in eine Geschichte der Unterdrückung und der Auflehnung gegen diese eingebunden werden, an der die handelnden Personen – gleichermaßen leidend wie lernend – teilhaben. Der emotionale Zugang zum Fries, bei dem steinschleudernde Giganten mit den Barrikadenkämpfern Berlins in eins gehen, die nur mit Pflastersteinen bewaffnet sind, weist den Weg zu einem rationalen, handlungsbezogenen Verständnis. Indem die Romanfiguren den Altar im Gespräch in sein historisches Umfeld überführen, die Überlegenheit des Siegers, des Peinigers zu begründen suchen, stellen sie fest, daß »die Kluft zwischen den Klassen ... eine Kluft zwischen den verschiedenen Bereichen der Einsicht«[50] war und ist. Und indem das Kunstwerk modellhaft Wissen für selbstbestimmtes Handeln bereithält, wie auch sein geschichtlicher Zusammenhang Zeugnis für die Überwindlichkeit von politischen Systemen ablegt, erwächst aus ihm die Kraft zum Widerstand: selbst die überwältigende Unterdrückungsbotschaft des Frieses kann nicht darüber hinwegtäuschen, daß das Attalidenreich bald darauf in Trümmer ging. Von den Unterdrükkern ist die Teilhabe am Wissen zu erlernen, von den Unterdrückten der Wille zur Erhebung – damit ist eine Umkehrung der Botschaft des Altars im doppelten Sinne gewonnen.

Anmerkungen

Für Anregungen und Hilfen danke ich K. Herding, C. Höcker, R. Höcker-Struß, M. Kunze, A. Ley, W. Prehn, L. Schneider, A. Rieche und K. Stähler.

1 Zu den wissenschaftsgeschichtlichen Rahmenbedingungen im 19. Jh. vgl. die anschauliche Darstellung von H. E. Stier, *Aus der Welt des Pergamonaltars*, Berlin 1932, 15 ff.

2 Die wechselvolle Geschichte der Aufstellung des Altars hat E. Rohde, *Pergamon. Burgberg und Altar*, Berlin–München 1982, 143 ff. zusammengefaßt. Zur zeitgenössischen Kritik an der Aufstellung im neuen, 1909 geplanten Pergamonmuseum vgl. jetzt S. Wenk, ›Die Arbeit eines deutschen Archäologen an der Modernisierung eines antiken Ideals. Theodor Wiegand und die Funktion der Antike vom Kaiserreich bis zum deutschen Faschismus‹, in: *Auf den Spuren der Antike. Theodor Wiegand, ein deutscher Archäologe*, Ausstellungskatalog Bendorf 1985, 41 ff., bes. 46 ff.

3 Zur Selbstdarstellung der Attaliden vgl. Verf., ›Untersuchungen zur Kulturpolitik der pergamenischen Herrscher im 3. Jh. v. Chr.‹, *Istanbuler Forschungen* 36, Tübingen 1985.

4 Die Datierung des Pergamonaltars beruht letztlich nur auf allgemeinen historischen Überlegungen. Geht man unvoreingenommen an dieses Problem heran, so können die Argumente, die für eine Frühdatierung ins Feld geführt werden, in gleicher Weise für eine spätere Datierung sprechen. Für einen Baubeginn in den sechziger Jahren sprachen sich unlängst P. J. Callaghan, ›On the Date of the Great Altar of Zeus at Pergamon‹, in: *Bulletin of the Institute of Classical Studies 28*, London 1981, 115 ff. sowie C. Börker, Zur Datierung des Pergamon-Altares, in: *Akten des 13. Internationalen Kongresses für Klassische Archäologie*, Mainz 1990, 591 f. aus.

5 Auf dieses Phänomen hat besonders H. Kähler, *Der große Fries von Pergamon*, Berlin 1948, 113 f. aufmerksam gemacht.

6 Vgl. dazu den Überblick bei K. Stähler, ›Überlegungen zur architektonischen Gestalt des Pergamonaltars‹, in: *Studien zur Religion und Kultur Kleinasiens* 66, Bd. 2, Leiden 1978, 838 ff. Stähler sieht im Pergamonaltar ein Heroon – einen Kultbau – für den mythischen Gründer Pergamons, Telephos.

7 H. Kähler, *Pergamon*, Berlin 1949, 17 f. – G. Gruben, *Die Tempel der Griechen*, München^3 1980, 429 f. – Rohde (s. Anm. 2), 67.

8 A. v. Salis, *Der Altar von Pergamon*, Berlin 1912, 16.

9 Vgl. Kähler (s. Anm. 5), 118 f.

10 Milet und andere ionische Städte wollten Eumenes II. wegen seiner Verdienste um die Abwehr der Gallier 167/66 v. Chr. mit der Aufstellung einer vergoldeten Statue an einem von ihm selbst zu bestimmenden Ort ehren. Der König entschied sich für Milet und nannte in seinem Antwortschreiben neben einer

Reihe anderer Gründe auch »die denkwürdigen Taten Milets für die Ionier«; zweifellos ist damit die wesentliche Rolle der Stadt im Ionischen Aufstand (500/499–494 v. Chr.) gemeint, der die Perserkriege auslöste.

11 Vgl. M. Pfanner, ›Bemerkungen zur Komposition und Interpretation des großen Frieses von Pergamon‹, in: *Archäologischer Anzeiger* 1979, 50 ff.

12 Zuletzt dazu E. Simon, *Pergamon und Hesiod*, Mainz 1975, 48 f.

13 Vgl. Verf. (s. Anm. 3), 104 ff.

14 Pfanner (s. Anm. 11), 52 ff.

15 Simon (s. Anm. 12), 35.

16 Neapel, Nationalmuseum MusInv. 2045: A. v. Salis, ›Die Gigantomachie am Schilde der Athena Parthenos‹ *Jahrbuch des Deutschen Archäologischen Instituts* 55, 1940, 90 ff. Zuletzt Simon (s. Anm. 12), 51.

17 Pfanner (s. Anm. 11), 47 f.

18 D. Haynes, *Jahrbuch der Berliner Museen* 5, 1963, 1 ff.

19 Simon (s. Anm. 12), 50. – W. Neumer-Pfau, ›Die kämpfenden Göttinnen vom großen Fries des Pergamonaltars‹, in: *Visible Religion* 2, Leiden 1983, 83.

20 Neumer-Pfau (s. Anm. 19), 75 ff.

21 Pfanner (s. Anm. 11), 52 f.

22 Einige der folgenden Gesichtspunkte auch bei Simon (s. Anm. 12), 49 f.

23 Auf diesen Zusammenhang macht Simon ebd. aufmerksam. Unter diesen Gemälden befand sich auch eines, das Artemis, Apollon und Leto im Kampf gegen Tityos zeigt; anders als am Fries wird der Gigant dort allerdings von Letos Kindern getötet.

24 Grundlegend zum folgenden Kähler (s. Anm. 5), 85 ff.

25 H. Lauter, ›Kunst und Landschaft – Ein Beitrag zum rhodischen Hellenismus‹, in: *Antike Kunst* 15, 1972, 49 ff. Für die zahlreichen Statuen von Hirten, Bauern, Fischern u. ä. ist ein ähnlicher Aufstellungskontext anzunehmen; vgl. dazu allg. H. P. Laubscher, *Fischer und Landleute. Studien zur hellenistischen Genreplastik*, Mainz 1983.

26 Simon (s. Anm. 12), 9 f.

27 M. Fuchs, ›Zu einigen Relieffragmenten aus dem Balbus-Theater und dem Nachleben des großen Frieses von Pergamon‹, in: *Jahrbuch des Deutschen Archäologischen Instituts* 99, 1984, 215 ff.

28 Fuchs ebd., 225.

29 Zuletzt Simon (s. Anm. 12), 11 ff. 23 ff. Einen Überblick über die verschiedenen Interpretationsansätze gibt E. V. Hansen, *The Attalids of Pergamon*², Ithaca, New York 1971, 328 ff.

30 Pfanner (s. Anm. 11), 53 ff.

31 Darauf machte zuerst G. v. Lücken, ›Die Götter auf der Nordseite des Pergamonaltars‹, in: *Jahrbuch des Deutschen Archäologischen Instituts* 54, 1939, 97 ff. aufmerksam, der in diesen Gestalten Flußgötter sah. Die Interpretation dieses

Sachverhalts durch Kähler (s. Anm. 5), 53 scheint jedoch eher plausibel; sie liegt den folgenden Ausführungen zugrunde.

32 v. Salis (s. Anm. 8), 43; vgl. auch Simon (s. Anm. 12), 54. – Pfanner (s. Anm. 11), 57.

33 Für die Frage der Künstler, deren Namen ebenfalls auf dem Sockelglied des Reliefs angegeben waren und vereinzelt überliefert sind, der Bildhauerabschnitte und der Arbeitsorganisation sei auf Kähler (Anm. 5), 53 ff. verwiesen; es würde den Rahmen dieser Schrift sprengen, die diesbezüglichen Überlegungen der Forschung in ihren Einzelheiten nachzuzeichnen.

34 Dazu Pfanner (s. Anm. 11), 46 ff. mit den Einschränkungen hinsichtlich der unsicheren Interpretation des Nordfrieses.

35 Ebd. 57.

36 Eine hervorragende Beschreibung und Interpretation dieses Zuges gibt v. Salis (s. Anm. 8), 171 ff. in einem Kapitel, das er mit »Sinnlichkeit« überschreibt.

37 Vgl. Ch. Bauchhenss-Thüriedl, *Der Mythos von Telephos in der antiken Bildkunst*, Würzburg 1971, 40 ff. sowie die Beschreibung bei Rohde (s. Anm. 2), 116 ff.

38 Daß die faschistische Architektur auch auf antike Vorbilder zurückgriff, macht die Bemerkung Speers deutlich, die Tribüne des Zeppelinfeldes auf dem Nürnberger Reichsparteitagsgelände ginge auf Pergamon zurück, auch wenn diese Behauptung in diesem konkreten Fall als widerlegt gelten kann: Vgl. Y. Doosry, ›Formale und inhaltliche Aspekte der Antikenrezeption des Nürnberger Reichsparteitagsgeländes‹, in: *Hephaistos* 1, 1979, 109 ff. Arbeiten von Kreis selbst besitzen deutliche Affinitäten zu historischen – auch antiken – Vorbildern; dies gilt insbesondere für seine Entwürfe von militärischen Ehrenmälern. Diese Monumente sollten nach dem siegreichen Kriegsende an den Grenzen des deutschen Machtbereichs errichtet werden. Der Steinkreis von Stonehenge ist dort ebenso vertreten wie das Grab des Theoderich in Ravenna oder das riesige Monument, mit dem der römische Kaiser Traian in Rumänien seinen Sieg über die Einheimischen feierte. Auch am Fuß des Olymp sollte ein solches Ehrenmal entstehen, das in einer Zeichnung überliefert ist: H. Stephan, *Wilhelm Kreis*, Oldenburg 1944, 79. Stephan vermerkt ebd. 77 zu dieser Zeichnung: »Erinnerungen an den Pergamonaltar weckt der streng geschlossene Feierplatz am Fuße des Olymp.« Wir können also davon ausgehen, daß die Ähnlichkeiten zwischen Soldatenhalle und Pergamonaltar nicht zufällig sind; Stephan vergleicht den faschistischen Bau bezeichnenderweise mit einem riesenhaften Altar (ebd., 70). Vgl. zu Kreis zuletzt D. Bartetzko, *Zwischen Zucht und Ekstase, Zur Theatralik von NS-Architektur* (1985) 97 ff.

39 Stephan ebd., 70.

40 Ebd.

41 Vgl. etwa G. Bussmann, ›Plastik‹, in: *Kunst im 3. Reich.*

Dokumente der Unterwerfung, Ausstellungskatalog Frankfurt 1974, 115 Abb. 101–103.

42 K. Herding, ›Arbeit am Bild als Widerstandsleistung‹, in: A. Stephan (Hg.), *Die Ästhetik des Widerstands*, Frankfurt 1983, 267. Vgl. zum Folgenden auch die Beiträge von J. Hermand, M. Rector, B. Lindner, D. Kimpel, P. Bürger und H. Dilly im gleichen Band.

43 P. Weiss, *Die Ästhetik des Widerstands*, Erster Band, Frankfurt 1975, 11.

44 Ebd. 7.

45 Ebd. 10.

46 Ebd. 11.

47 Ebd. 18.

48 Ebd. 11.

49 Herding (s. Anm. 42), 268.

50 Weiss (s. Anm. 43), 38.

LESEHINWEISE

Der Pergamonaltar ist bis zum heutigen Tag Gegenstand archäologischer und kunstwissenschaftlicher Forschung geblieben; entsprechend groß ist die Zahl an Büchern und Aufsätzen, die seit einhundert Jahren über dieses Monument erschienen sind. Eine Auflistung der betreffenden Titel ist hier weder möglich noch wünschenswert; die wichtigsten sind in dem gut zugänglichen Buch von E. Rohde, *Pergamon, Burgberg und Altar*, Berlin–München 1982, 163 f. zusammengestellt. Dieses Buch bietet selbst einen vorzüglichen Überblick über die Grabungsgeschichte sowie die Geschichte und Kunst des pergamenischen Reiches. Ein größerer Abschnitt (60–127) ist dem Pergamonaltar gewidmet.

Nach wie vor unverzichtbar ist H. Kähler, *Der große Fries von Pergamon, Untersuchungen zur Kunstgeschichte und Geschichte Pergamons*, Berlin 1948. Dieses Werk umfaßt die Betrachtung der Architektur, der Arbeitsweise am Bau und an den Friesen ebenso wie kunstgeschichtliche Untersuchungen und historische Fragen. An neuerer Literatur erwähnenswert desweiteren Staatl. Museen zu Berlin, Antikenslg. (Hg.), *»Wir haben eine ganze Kunstepoche gefunden!«. Ein Jahrhundert Forschungen zum Pergamonaltar*, Kat. zur Ausst. Berlin 1986-87, o. J., sowie M. Kunze, Neue Forschungen zum Pergamonaltar. Kritisches Resumé, in: *L'espace sacrificiel dans les civilisations méditerranéennes de l'antiquité*, Lyon 1991, 135-140.

Die zahlreichen Dokumente und zeitgeschichtlichen Quellen zur Entdeckungs- und Grabungsgeschichte sind bequem in zwei Bänden zusammengestellt: E. Schulte (Hg.), *Der Pergamonaltar, entdeckt, beschrieben und gezeichnet von Carl Humann*, Dortmund 1959; E. Schulte (Hg.), *›Chronik der Ausgrabung von Pergamon 1871–1886‹, Aus Berichten und Briefen des Humann-Kreises*, Dortmund 1963.

Zur Rezeptionsgeschichte zuletzt H.-J. Schalles, Rezeptionsgeschichtliche Nachlese zum Pergamonaltar, in: D. Rößler/V. Stürmer (Hg.), *Modus in rebus. Gedenkschrift W. Schindler*, Berlin 1995, 188-200.

Zum Pergamonaltar und der Kunstbetrachtung in der *Ästhetik des Widerstands* von Peter Weiss sei außer auf A. Stephan (Hg.), *Die Ästhetik des Widerstands*, Frankfurt 1983, auf folgende Beiträge hingewiesen: K.-H. Götze – K. R. Scherpe (Hg.), ›Die »Ästhetik des Widerstands« lesen. Über Peter Weiss‹, in: *Literatur im historischen Prozeß, Neue Folge 1*, Argument-Sonderband 75, Berlin 1981; F. Dröge – K. Nievers, ›Was ist eine Ästhetik des Widerstands? Über die Aneignung von Kunstwerken in Peter Weiss' Roman ›Die Ästhetik des Widerstands«, in: J. Boström u. a. (Hg.), *Ästhetische Erziehung – Ästhetik und Gewalt*, Berlin 1983, 108–125; K. Jochem, *Widerstand und Ästhetik bei Peter Weiss*, Argument Studienhefte 60, Berlin 1984.

ÄGIS eigentlich »Ziegenfell«. Die Ägis ist der von Hephaistos für Zeus geschmiedete Schild, der dann auch von Apollon und Athena benutzt wurde. Sie wird häufig als Tierfell dargestellt. Während Zeus die Ägis als um den Arm geschlungene Schutzwaffe benutzt, trägt Athena sie wie ein Kleidungsstück über Brust und Schulter.

CHTHONISCH Griech. »erdhaft«. Die chthonischen Götter sind für das Wachstum der Natur und für die Unterwelt zuständig.

DIADOCHEN Griech. »Nachfolger«. Sammelbezeichnung für die Generale Alexanders des Großen, die nach seinem Tod dessen Reich unter sich aufteilten (z.B. Lysimachos, Seleukos, Ptolemaios). Aus den Machtbereichen dieser Generale gingen die großen hellenistischen Königreiche hervor.

DIORAMA Schaubild, bei dem dreidimensionale Gegenstände vor einem gemalten Hintergrund gezeigt werden und damit eine räumliche Illusion erzeugen. Dioramen werden heute noch häufig in Museen benutzt.

FERMAN Pers. »Befehl«. Verordnung eines islamischen Herrschers, hier mit der Grabungserlaubnis gleichgesetzt.

GORGONEION Wer die schreckliche Gorgo Medusa anschaute, versteinerte durch ihren Blick. Perseus tötete sie und schlug ihren Kopf ab. Diesen Kopf – das Gorgoneion – führte dann Athena als übelabwehrendes Emblem auf ihrer Ägis.

IONIEN Von Ioniern aus Attika und der Insel Euböa besiedelte Küstenlandschaft im mittleren Teil Westkleinasiens. Zu Ionien gehörten etwa die Städte Milet und Ephesos sowie die vorgelagerten Inseln Chios und Samos.

MANTISCH Wahrsagerisch. Die Mantik ist die Kunst der Weis- und Wahrsagung.

METOPEN Häufig mit Reliefdarstellungen geschmückte Felder im Gebälk des dorischen griechischen Tempels, die sich mit dreifach geschlitzten Platten (Triglyphen) abwechseln.

PANEGYRISCH »Überschwenglich lobend«. Die Panegyris war ursprünglich eine Preis- und Lobrede auf einer Festversammlung. Ein Beispiel für Herrscherpanegyrik in hellenistischer Zeit ist das Gedicht, das Kallimachos über die Locke der Königin Berenike verfaßt hat.

PILASTER Flacher Pfeiler, der der Wand vorgeblendet ist.

PHYLENHEROEN Die attische Bürgerschaft war in fiktiven Stammesverbänden, den Phylen, organisiert. Die sagenhaften Gründer dieser Verbände waren die Phylenheroen.

RISALIT Vorspringender Teil eines Gebäudes.

RUSTIKA Grob behauenes Quadermauerwerk.

Abbildungsnachweis

Schulte (Hg.): Der Pergamonaltar, entdeckt, beschrieben und gezeichnet von Carl Humann, Ardey Verlag, Dortmund 1959 1
Deutsches Archäologisches Institut, Berlin/West 2
Schulte (Hg.): Aus Berichten und Briefen des Humann-Kreises, Ardey Verlag, Dortmund 1963 3
Staatliche Museen, Antikensammlung, Berlin/DDR 4, 12, 13, 17, 21, 22, 24–26, 28, 32, 33, 35–42, 45–49, 52–57, Umschlag, Falttafel I, Frontispiz
Staatliche Musseen Preußischer Kulturbesitz, Kunstbibliothek, Berlin/West 6, 7
Die Gartenlaube, Jg. 1886 8, 9
American School of Classical Studies at Athens: Agora Excavations 10
Deutsches Archäologisches Institut, Rom 11
Jeppesen: Paradeigmata, Aarhus University Press, Aarhus 1958 14
Archäologisches Institut der Universität Heidelberg 15, 29, 31, 51
Deutsches Archäologisches Institut, Athen 18, 50
Nationalmuseum, Antikensammlung, Kopenhagen (Photo: Lennart Larsen) 19
Lullies-Hirmer: Griechische Plastik, Hirmer Verlag, München 1960 20
Brommer: Parthenonskulpturen, Verlag Ph. von Zabern, Mainz 1979 23
Hirmer Verlag, München 27, 34
Katalog der Pergamonausstellung 1972, Ingelheim 1972 30
Lehmann: Samothracian Reflections, Princeton University Press, Princeton 1973 43, 44
Stähler, Münster 58
Die Kunst in Dritten Reich 7, Heft 3, Die Baukunst, 1943 59
Hans-Joachim Schalles 5, 16, Umschlagrückseite, die Falttafel II wurde nach Angaben des Autors neu zusammengestellt

Allen Kollegen und Institutionen, die bei der Beschaffung von Photos behilflich waren, sei an dieser Stelle herzlich gedankt.